LA CUISINE
PORTUGAISE

UN VOYAGE INOUBLIABLE À TRAVERS
LES GOÛTS ET LES COULEURS
D'UN PAYS ENCHANTEUR

COMMENT LIRE LA FICHE

DIFFICULTÉ	GOÛT	APPORT NUTRITIONNEL
● Facile	● Délicat	● Bas
●● Moyenne	●● Relevé	●● Moyen
●●● Difficile	●●● Trés relevé	●●● Élevé

Nos recettes sont pour la plupart illustrées de photographies qui en facilitent la réalisation, surtout si celle-ci exige une attention particulière. Nous vous conseillons de lire attentivement la liste des ingrédients nécessaires (ainsi que les indications de temps de préparation et de cuis-son des plats, de leur degré de difficulté et de leur saveur plus ou moins relevée, sans oublier leur apport nutritionnel), puis de lire chacune des étapes de la recette avant de vous y attaquer. Et, comme toujours, bon appétit !

Projet éditorial: Casa Editrice Bonechi
Directeur éditorial: Alberto Andreini
Concept et coordination: Paolo Piazzesi
Projet graphique: Andrea Agnorelli et Maria Rosanna Malagrinò
Couverture: Maria Rosanna Malagrinò
Mise en pages vidéo: Rita Bianucci
Rédaction: Patrizia Chirichigno

Traduction: Rose-Marie Olivier

En cuisine: Lisa Mugnai
Diététicien: Dr. John Luke Hili

Crédit photographique:

Les photos de cuisine, propriété des archives de Casa Editrice Bonechi,
sont de Andrea Fantauzzo.

La photo du frontispice, propriété des archives de Casa Editrice Bonechi,
est de Andrea Fantauzzo.

Les photos d'ambiance, propriété des archives de Casa Editrice Bonechi,
ont été réalisées par Paolo Giambone *et* Jean Charles Pinheira.

*En ce qui concerne les photos sans nom d'auteur, toute indication sera la bienvenue
qui permettra à l'éditeur de mettre à jour les prochaines rééditions.*

© Copyright
by CASA EDITRICE BONECHI, Firenze - Italia
E-mail: bonechi@bonechi.it   Internet: www.bonechi.it   www.bonechi.com

Imprimé en Italie par Centro Stampa Editoriale Bonechi.

*La couverture, la maquette et le graphisme de cet ouvrage ont été réalisés
par les graphistes de* Casa Editrice Bonechi *et sont protégés par copyright international.*

ISBN 978-88-476-0922-8

***

INTRODUCTION

Dans ce voyage à travers les saveurs et les couleurs de la cuisine portugaise nous rendrons hommage aux régions dont les écoles sont les plus réputées et les plats les plus célèbres, sans pour autant négliger certaines régions moins connues où se cachent des trésors.

Notre visite commence au nord-est, par le Trás-os-Montes. Au milieu des collines et des champs verdoyants, voici Peso da Régua, une ville entourée de

vignobles où mûrissent les raisins qui donnent le porto. C'est d'ici ou de Pinhão que partaient les bateaux chargés de tonneaux du célèbre vin qui descendaient le Douro jusqu'à Porto. Ensuite nous trouvons Vila Real, Murça, Miranda do Douro, tout près de l'Espagne, la cité fortifiée de Bragance qui a gardé son enceinte, et Chaves, célèbre pour ses eaux thermales (déjà connues des Romains) et pour ses incomparables jambons. De la cuisine, robuste et généreuse de cette région, nous vous proposons le *caldo de cebola*, le *bola de bacalhau*, le *coelho de cebolada* et le célèbre *cozido à portuguesa* servi avec des *chicharros*. À cheval sur l'estuaire du Douro, voici maintenant Porto, deuxième ville du Portugal, où le vin liquoreux du même nom vieillit dans des caves réputées. De l'école culinaire du Douro nous avons choisi le *santola no carro*, un hors-d'œuvre spectaculaire, l'*arroz de bacalhau* et le *bacalhau à Gomes de Sá*; parmi les pâtisseries, l'*aletria com ovos* et le "divin" *toucinho do céu*. En prenant vers le nord, en direction du Minho, nous attendent Vila do Conde, Barcelos, Braga la baroque, Guimarães la médiévale et la jolie Amarante, où à côté de délicieux plats de morue, comme le *bacalhau à lagareiro* et le *bacalhau podre*, on prépare la *truta à moda de Barroso* accompagnée de *tomatada com batatas*.

Dans la région qui prend le nom du Minho, fleuve frontalier, nous trouvons le port de pêche et de plaisance de Viana do Castelo, puis Ponte da Barca et les anciennes villes fortifiées d'Arcos de Valdevez et de Monção. On produit ici d'excellentes charcuteries mais aussi le *vinho verde* – vin léger pétillant qui, malgré son nom, peut être blanc ou rouge (le mot "vert" indique qu'il est jeune) – et l'on cuisine traditionnellement le *caldo verde*, potage de pommes de terre et de chou qui est devenu un plat national, et puis le *rancho à moda do Minho*, les *pastéis de bacalhau*, les *rojões com belouras* et, comme dessert, l'*arroz doce*.

Au sud du Douro, voici les Beiras, trois régions qui n'ont en commun que leur nom. En Beira Alta, aux nombreux châteaux, nous attendent Viseu, une cité d'art réputée, et, au pied de la Serra da Estrela, Guarda, la ville la plus haute du Portugal. Les spécialités sont ici les jambons, les fromages, les exquises *morcelas* (voir la note page 6), d'excellents vins et des recettes comme l'*arroz de cabidela* ou la *sopa da Beira*, le *bacalhau assado com batatas a murro* et les *trutas abafadas*; ou encore le *vitela assada* en croûte de sel avec des *batatas de caçoila* et l'*esparregado de feijão verde*.

Bois de châtaigniers, champs de blé, potagers et vignes donnant le superbe Mação: nous sommes en Beira Baixa, véritable cœur du Portugal où, dans un cadre de montagnes abruptes et de doux coteaux, se dressent Castelo Branco, Fundão, Penamacor, la station d'hiver de Covilhã et Belmonte avec son château. La cuisine raffinée de cette région nous propose des *pastéis de molho*, du *bacalhau à Assis*, de l'*abóbora e beringelas fritas* et la *tigelada*, une délicieuse crème dorée au four.

Enfin, voici la Beira Litoral où l'on trouve la magique Coimbra, célèbre pour ses églises, ses fontaines et sa très ancienne université, près des ruines romaines de Conímbriga; mais aussi Aveiro, avec sa lagune et ses salines, et puis Lousã et Figueira da Foz. La gastronomie rivalise avec le paysage pour nous séduire: les plats de poisson et les vins sont sublimes. En entrée, nous avons choisi les *mexilhões à moda de Aveiro*, d'irrésistibles brochettes de moules; comme plat de résistance l'*arroz de polvo* et la rustique *migas da Lousã*, le *bacalhau assado* avec du *broa* (pain de maïs), la *caldeirada de enguias* et la *raia com molho de pitau*. Et, parmi les pâtisséries, les *broinhas de Natal*, la *charcada*, la *lampreia de ovos* et les *queijadas de Coimbra*.

Sur la rive gauche du Tage, où les saules se mirent dans les étangs et les rizières, nous attend le Ribatejo avec les églises gothiques et les tours de Santarém, le portail manuélin de l'Igreja Matriz de Golegã, Abrantes, ville blanche et fleurie, près de Tomar, la cité des Templiers avec son Convento de Cristo. En compagnie des vins de Cartaxo, Almeirim et Chamusca, on y déguste les *migas de pão de milho* ou la traditionnelle *sopa de pedra*, puis la *fataça na telha* ou le *cabrito assado* avec des *batatas de rebolão* et, pour terminer, les surprenants *fios-de-ovos*.

Et puis, voici l'Estrémadure et ses trésors: Lisbonne, la capitale la plus occidentale d'Europe, lovée dans un amphithéâtre de collines qui se reflètent dans les eaux du Tage et dans la mer. Laissons cette ville, aussi active que la Baixa et aussi mélancolique que le *fado* pour traverser Estoril et Cascais et nous diriger vers la Costa da Prata. On y découvre Sintra aux accents arabes et aux superbes jardins, Mafra avec son immense couvent-palais, la ville historique de

Santarém vue d'en haut. Page précédente, une vue du port de Lagos, en Algarve.

Torres Vedras et Peniche, l'ancien bourg d'Óbidos, les sources sulfureuses de Caldas da Rainha, les plages de Nazaré, le couvent d'Alcobaça et le monastère de Batalha, chef-d'œuvre gothique. Puis se dresse Leiria avec son château et ses immenses pinèdes, et Marinha Grande, près de Fátima. La table est ici un triomphe, à commencer par les hors-d'œuvre: *amêijoas à Bulhão Pato*, *ovos verdes*, *pataniscas de bacalhau*, *peixinhos da horta*. On a ensuite le choix entre l'*açorda de camarão* et la *sopa rica de peixe*, suivis d'un *bacalhau à Brás* ou d'une délicieuse *lagosta à moda de Peniche*, d'un *pargo no forno* ou de *sardinhas assadas*. Pour ceux qui préfèrent la viande: *bifes de cebolada* et *coelho à caçadora*, *frango na púcara*, ou bien *iscas com elas*, un plat traditionnel qui allie foie et pommes de terre. Sans parler de la *feijoada à portuguesa*, délicieux mariage de haricots et de charcuteries. Et, pour terminer, des *cavacas das Caldas da Rainha*, du *folar da Páscoa* ou bien des *pastéis de nata*.

Nous arrivons maintenant dans l'immense haut plateau de l'Alentejo, entre Ribatejo et Algarve, où, au milieu des champs de blé et des bois de chêne-liège, se trouvent des villes superbes comme Elvas (Haut Alentejo), réputée pour ses olives et ses fortifications, Estremoz, avec son vieux château, Redondo, Évora et Sé, une église fortifiée du XIIIe siècle. Dans le Bas Alentejo nous découvrons Sines, Santiago do Cacém, Grândola et Setúbal, grand port dans l'estuaire du Sado, avec son Igreja de Jesus, magnifique église gothique-manuéline. La grande cuisine de l'Alentejo, rehaussée par les vins de Borba, Vidigueira ou Reguengos, est nourrissante et savoureuse; à commencer par la célèbre *açorda à alentejana* et les *migas à alentejana* et, pour les amateurs de poisson, la délicieuse *sopa de cação*. On peut continuer avec des *empadas de galinha*, du *lombo de porco com amêijoas*, surprenant mariage de viande de porc et de palourdes, ou du *peru recheado* servi avec des *feijão verde à alentejana*. Et, pour terminer, des desserts bien tentants: *bolo-podre* et *pão-de-ló de amêndoas*.

À l'extrême sud du pays, on arrive en Algarve – dont le nom vient de l'arabe *al gharb*, "jardin d'Occident" –, une région baignée par la mer sur deux côtés et où se succèdent falaises, criques et plages désertes de sable blanc. On peut y visiter Vila do Bispo, la forteresse de Sagres, la ville animée de Lagos et Portimão, la romaine Portus Magnus; et puis Albufeira, juchée sur les falaises; les remparts et la cathédrale de Faro, la mauresque Olhão, Tavira, l'île du même nom aux belles plages et Vila Real de Santo António, près de la frontière espagnole. Le paysage évoque l'Afrique toute proche. Excellente, la cuisine est ici dominée, bien sûr, par le poisson et les fruits de mer; et la pâtisserie, irrésistible et pleine de fantaisie grâce au *morgado*, le massepain, qui prend toutes sortes de formes. Pour commencer, nous vous proposons des *amêijoas na cataplana*, des palourdes cuites dans la *cataplana* (récipient traditionnel en cuivre), des *cenouras em conserva* ou des *choquinhos fritos com tinta*; après quoi, un *arroz de berbigão* ou un *canja de conquilhas*, une *sopa de feijão-manteiga* ou une *sopa de langueirão*. Parmi les plats de poisson: l'*atum com tomate*, l'incontournable *caldeirada* ou bien des *lulas recheadas*; et parmi les viandes: la *galinha cerejada* ou la *perna de borrego no tacho* servie avec des *ervilhas à moda do Algarve* ou des *favas à algarvia*. Comme dessert, nous avons choisi les *figos recheados*, des figues farcies aux amandes: deux des produits les plus célèbres de l'Algarve.

Dans l'Atlantique nous attend le jardin enchanté de Madère, l'île des fleurs, avec la baie de Funchal et ses marchés multicolores. Grâce au climat exceptionnel, la flore de l'île réunit espèces des régions tempérées et plantes tropicales. C'est ici que mûrissent les raisins dorés qui produisent le madère, vin superbe s'il en est. Côté gastronomie, si les produits de la pêche l'emportent, ils ne sont pas les seuls: nous vous invitons à goûter les *cebolinhas de escabeche* et la *sopa de trigo*, les *cavalas com molho de vilão* ou la *carne em vinha-d'alhos com milho frito*.

Notre voyage se termine aux Açores, chapelet d'émeraude égrené dans une mer d'azur: Santa Maria, São Miguel et les Rocas Formigas, Graciosa, Terceira, São Jorge, Faial, Pico, Flores et Corvo. Cet archipel volcanique, célèbre pour son anticyclone, dépendait autrefois de la pêche à la baleine et vit maintenant du touris-

me, de l'agriculture et de la pêche. La table y est des plus variée (et la cave généreuse) mais, faute de place, nous ne vous proposons ici que les *cavalas recheadas* et les *polvo guisado*.

La superbe Ponta de Piedade, dans l'Algarve. En haut, détail d'un bateau traditionnel sur le Ria de Aveiro.

REMARQUES

Parmi les ingrédients des recettes figurent des charcuteries typiquement portugaises. La description qui suit vous permettra, au besoin, de les remplacer par des produits similaires. Le *chouriço* (proche du *chorizo* espagnol) est une saucisse ferme, non fumée, sous boyau de porc (ou succédané). Replié en U (diamètre 2,5 à 4 cm, longueur environ 40 cm), il est fait de viande de porc, grasse et maigre, hachée plus ou moins fin (mais pas trop), généralement salée dans la saumure, poivrée et aromatisée avec de l'ail et du piment en poudre; parfois humectée avec du vin. En certains endroits il se conserve dans l'huile. Le *chouriço de sangue* – également appelé *chouriço mouro* ou *morcela* selon les régions et proche de la *morcilla* espagnole – est lui aussi sous boyau de porc et plié en U mais fumé (diamètre de 3 à 4 cm, longueur de 30 à 50 cm). Il est fait de viande grasse hachée et de sang de porc, salés et aromatisés au piment et au cumin. Parmi les charcuteries fumées figurent aussi la *farinhera* et le *salpicão*. La première est repliée en U (pas plus de 35 cm de long) et faite d'un hachis de viande de porc grasse mélangée à de la farine, du piment et autres épices. Le second est pratiquement rond (diamètre 3,5 à 4,5 cm, longueur 14 à 18 cm) et fait de viande de porc, maigre et grasse, hachée menu, salée, poivrée et aromatisée à l'ail et aux épices. Au tableau varié des charcuteries portugaises, le *presunto* occupe une place de choix. Il s'agit d'un jambon (patte arrière du porc) qui est salé et séché, souvent fumé et enduit d'une pâte de piment.
Le *piri-piri* est un piment frais, généralement rouge, dont le piquant et la taille varient selon la zone d'origine. L'expression "piment en poudre", utilisée dans les ingrédients et dans le texte des recettes, indique un condiment – proche du *pimentón* espagnol – obtenu en broyant des piments rouges (*Capsicum annuum*) secs, doux ou forts selon les goûts et les usages locaux. Bien que dans les pays anglo-saxons on l'appelle généralement *paprika*, il ne s'agit pas du paprika hongrois (obtenu avec des variétés de piments indiens à petits fruits piquants) mais d'épices provenant du Nouveau Monde. Quoique son goût, sa couleur et son effet soient différents, le paprika, doux ou fort, peut remplacer le *piri-piri*, au même titre que les poudres de piment que l'on trouve dans le commerce.

L'AVIS DU DIÉTÉTICIEN

La cuisine portugaise fait partie à juste titre d'un ensemble de traditions alimentaires regroupées sous l'appellation "regime méditerranéen" aux caractéristiques très positives. En premier lieu, l'apport important des glucides (55 à 60% des calories journalières), le plus souvent des glucides complexes, de grosses molécules de glucose qui assurent une énergie durable. L'apport protidique (de l'ordre de 15%) provient essentiellement des viandes blanches et des poissons comme le thon, la sardine et l'anchois; des protéines d'une grande valeur énergétique et des lipides polyinsaturés qui préviennent l'apparition des maladies cardio-vasculaires. L'apport lipidique (autour de 25-30%) est surtout représenté par l'acide oléique, composant essentiel de l'huile d'olive qui est la principale graisse de condiment et de cuisson employée dans le régime méditerranéen. Un lipide mono-insaturé qui, avec les lipides polyinsaturés, favorise la prévention de l'artériosclérose et dont le "point de fumée" – c'est-à-dire le moment où, sous l'action de la chaleur, les lipides s'altèrent et deviennent dangereux (graisses saturées) pour la santé – est élevé. Enfin, les fibres (au moins 25 grammes par jour), fournies par les végétaux comestibles typiques du bassin méditerranéen, facilitent les fonctions intestinales, combattent le cholestérol et préviennent les tumeurs. Signalons aussi que la cuisine portugaise fait un grand usage de piment et autres épices (utilisées autrefois comme conservateurs surtout dans les pays chauds) pour relever les plats et les rendre plus appétissants. En conclusion, du point de vue nutritionnel, on peut affirmer que la cuisine portugaise est saine et digne d'intérêt.

INDEX DES RECETTES

Les élégants "barcos moliceiros" qui sillonnent les canaux d'Aveiro, la "Venise portugaise".

*Détail des jardins de l'ancien
palais épiscopal à Castelo Branco.*

HORS-D'ŒUVRE ET AMUSE-GUEULE

*Un choix appétissant de petiscos,
hors-d'œuvre et amuse-gueule.
Pour ouvrir un repas en beauté
ou pour savourer les délices de la mer
et de la campagne autour d'un verre
de bon vin blanc ou de rosé.
Des recettes faciles, sobres et digestes.
Sans sauces trop riches ni mélanges
compliqués. Simples, généreux
et authentiques, comme savent l'être
le Portugal et ses habitants.*

1

LAMÊIJOAS À BULHÃO PATO

Palourdes au citron ☞ *Estrêmadure*

Palourdes, 800 g
2 gousses d'ail
2 citrons
Coriandre fraîche
2 tranches de pain grillé
   (pour servir)
Poivre
Huile d'olive

Portions: 6	
Temps de préparation: 5'	
Temps de cuisson: 10'	
Difficulté: ●	
Goût: ●●	
Kcal (par portion): 210	
Protéines (par portion): 10	
Mat. gr. (par portion): 12	
Apport nutritionnel: ●●●	

Faites blondir l'ail pelé dans une grande sauteuse contenant 2 ou 3 cuillerées d'huile puis retirez-le. Mettez alors les palourdes (voir ci-dessous). Baissez le feu, unissez quelques brins de coriandre et faites ouvrir les coquillages en remuant de temps en temps le récipient d'un mouvement circulaire. Une fois que les palourdes sont ouvertes (jetez celles qui sont fermées), poivrez-les légèrement et arrosez-les avec le jus d'un citron. Servez-les immédiatement en hors-d'œuvre avec des quartiers de citron et, si vous le désirez, du pain grillé.
Simple et délicieux.

On le sait, avant de cuire les coquillages (palourdes, coques et autres bivalves), il faut les faire dégorger. Mettez-les dans de l'eau propre légèrement salée plusieurs heures à l'avance, en la renouvelant 2 à 3 fois, de manière à éliminer sable et impuretés. Un truc: placez une assiette renversée dans le fond du récipient, les impuretés s'y accumuleront. Compte tenu de leur séjour dans l'eau salée, les coquillages n'ont pas besoin d'être salés pendant la cuisson (mais si vous y tenez, ajoutez du sel au moment où vous poivrez).

Amêijoas na Cataplana

Palourdes dans la "cataplana" ☞*Algarve*

Palourdes, 1 kg
Un oignon
Jambon maigre fumé, 50 g
  (en une seule tranche)
Chouriço, 50 g
  (voir page 6)
Piment doux en poudre
Un *piri-piri* (voir page 6)
Persil
Poivre
Huile d'olive

Portions: 8	
Temps de préparation: 6'	
Temps de cuisson: 20'	
Difficulté: ●	
Goût: ● ● ●	
Kcal (par portion): 202	
Protéines (par portion): 11	
Mat. gr. (par portion): 19	
Apport nutritionnel: ● ● ●	

Avant tout, mettez les palourdes à dégorger pour qu'elles recrachent leur sable (voir la notre de la page précédente). Prenez la *cataplana*, versez-y 2 à 3 cuillerées d'huile et, sur petit feu, faites-y blondir l'oignon détaillé en lamelles avec le *piri-piri* épépiné et émincé, une pincée de poivre et une pincée de piment en poudre. Une fois que l'oignon est translucide, ajoutez les dés de jambon, le *chouriço* émincé, les palourdes et un brin de persil. Couvrez et laissez cuire 20 minutes à petit feu. Ouvrez alors la *cataplana* et portez à table sans attendre (après avoir éliminé les coquillages fermés).

Typique de l'Algarve ainsi que d'autres régions du Portugal, la cataplana est un récipient ventru en cuivre zingué, muni d'un couvercle hermétique. L'idéal pour cuisiner les fruits de mer et les apprêts de riz, de viande ou de poisson. À l'étranger, on la trouve dans les magasins spécialisés en articles ménagers. Vous pouvez la remplacer par une simple cocotte minute (mais la cuisson sera plus rapide et ne pourra pas se faire au four) ou bien par un récipient hermétique en fonte ou en terre (au besoin, fixez solidement le couvercle).

CEBOLINHAS DE ESCABECHE

Petits oignons au vinaigre ☛ *Madère*

Petits oignons nouveaux, 1 kg
Laurier
2-3 clous de girofle
Piment de la Jamaïque
  (voir page 61)
Un *piri-piri* (voir page 6)
Gros sel
Vinaigre de vin rouge

Portions:	8
Temps de préparation:	10'+72h
Temps de cuisson:	10'
Difficulté:	●
Goût:	●●
Kcal (par portion):	31
Protéines (par portion):	1
Mat. gr. (par portion):	0
Apport nutritionnel:	●

Nettoyez les oignons (enlevez les racines) et pelez-les avant de les cuire une dizaine de minutes à l'eau bouillante salée. Égouttez-les, épongez-les et placez-les dans un récipient hermétique (si possible en verre ou en terre). Salez légèrement et couvrez de vinaigre puis ajoutez une feuille de laurier, une dizaine de graines de piment de la Jamaïque, les clous de girofle et le *piri-piri* entier. Couvrez le récipient et laissez mariner au moins 3 jours.
On peut déguster ces petits oignons en hors-d'œuvre ou comme garniture d'une viande bouillie ou d'un poisson au court-bouillon.

CENOURAS EM CONSERVA

Carottes au vinaigre ☞ *Algarve*

3 carottes (ou 4 petites)
4 gousses d'ail
Persil
Piment doux en poudre
Olives noires en saumure
   (facultatif)
Un clou de girofle
   (facultatif)
Vinaigre de vin rouge
Sel

Portions: 6	
Temps de préparation: 15′+ 3h	
Temps de cuisson: 12′	
Difficulté: ●	
Goût: ● ●	
Kcal (par portion): 17	
Protéines (par portion): 1	
Mat. gr. (par portion): 0	
Apport nutritionnel: ●	

Nettoyez et épluchez les carottes. Cuisez-les 12 minutes à l'eau bouillante puis égouttez-les. Laissez-les refroidir avant de les découper en rondelles de 7 à 8 mm d'épaisseur. Mettez-les à mariner dans un verre de vinaigre avec l'ail finement haché, un brin de persil haché, une cuiller à café de piment en poudre et, éventuellement, un clou de girofle émietté. Laissez reposer au moins 3 heures au réfrigérateur en remuant de temps en temps. Après quoi, disposez les rondelles de carottes dans un plat et servez-les comme amuse-gueule, avec des olives noires dénoyautées par exemple.

CHOQUINHOS FRITOS COM TINTA

Petites seiches frites à l'encre ☛ *Algarve*

Petites seiches, 800 g
4 gousses d'ail
Laurier
Salade verte
  et tomates cerise
  (garniture)
Sel et poivre
Huile d'olive

Portions:	6
Temps de préparation:	20'
Temps de cuisson:	30'
Difficulté:	●●
Goût:	●●
Kcal (par portion):	311
Protéines (par portion):	17
Mat. gr. (par portion):	27
Apport nutritionnel:	●●●

Lavez soigneusement les seiches et nettoyez-les (éliminez intestins, yeux et cartilages). Faites en sorte de ne pas séparer les tentacules du "sac" et, surtout, de ne pas crever les poches à encre. Prenez une cocotte munie d'un couvercle, versez-y un verre d'huile et faites-y revenir l'ail (sans le faire roussir) avec une feuille de laurier. Unissez ensuite les seiches après les avoir bien épongées. Couvrez et laissez cuire sur petit feu en remuant de temps en temps. Au bout d'une dizaine de minutes les seiches auront rougi, ajoutez alors une pincée de sel et du poivre. Remettez le couvercle et laissez cuire encore une vingtaine de minutes jusqu'à ce que l'huile retrouve sa couleur d'origine. Sortez les mollusques avec une écumoire et déposez-les sur du papier absorbant. Dressez-les ensuite dans les assiettes sur un lit de salade. Décorez avec des tomates cerise.

MEXILHÕES À MODA DE AVEIRO

Brochettes de moules frites ☞ *Beira Litoral*

Moules, 1 kg
Laurier
2 clous de girofle
Farine, 30 g
Vinaigre de vin blanc
Tomates cerise
   (garniture)
Sel et poivre
Huile d'olive
Bain de friture

Portions:	8
Temps de préparation:	15'+8h+48h
Temps de cuisson:	10'
Difficulté:	● ●
Goût:	● ●
Kcal (par portion):	433
Protéines (par portion):	8
Mat. gr. (par portion):	37
Apport nutritionnel:	● ● ●

Prenez un bol, versez-y un verre de vinaigre et une cuiller à café d'huile d'olive. Ajoutez une feuille de laurier, une pincée de sel et de poivre et les clous de girofle. Couvrez et laissez reposer 6 à 8 heures au moins en remuant de temps en temps. Le moment venu, nettoyez les moules (grattez-les et éliminez les "barbes"), rincez-les sous l'eau courante et, sans les sécher, mettez-les à ouvrir dans une sauteuse à couvert et à sec (sans ajouter ni eau ni huile). Une fois ouvertes, décoquillez-les et épongez-les délicatement. Passez-les dans la farine et enfilez sur des petites brochettes (3 ou 4 par brochette). Faites-les frire dans l'huile bouillante (5 minutes environ) puis déposez-les sur du papier absorbant. Disposez les brochettes dans une terrine assez creuse et arrosez-les avec le contenu du bol. Laissez-les reposer 48 heures au moins en les mouillant de temps en temps avec la marinade. Servez en hors-d'œuvre avec des tomates cerise.

OVOS VERDES

Œufs frits au persil ☞ *Estrêmadure*

9 œufs et un blanc
Persil
Farine, 30 g
Salade composée (garniture)
Sel et poivre
Beurre, 30 g
Bain de friture

Portions: 8	
Temps de préparation: 15′	
Temps de cuisson: 30′	
Difficulté: ● ●	
Goût: ● ●	
Kcal (par portion): 454	
Protéines (par portion): 11	
Mat. gr. (par portion): 37	
Apport nutritionnel: ● ● ●	

Mettez 8 œufs à durcir dans une casserole d'eau froide (à ébullition, comptez 7 minutes). Laissez-les refroidir puis écalez-les. Coupez-les en deux dans le sens de la longueur et retirez les jaunes. Mettez ceux-ci dans un bol et écrasez-les à la fourchette pour obtenir une pâte à laquelle vous unirez un beau brin de persil haché, le beurre ramolli, du sel et du poivre. Remplissez les blancs avec cette préparation en formant un petit dôme. Passez-les ensuite dans l'œuf restant que vous aurez battu puis faites-les frire dans l'huile bouillante. Servez ces "œufs verts" en hors-d'œuvre sur un lit de salade.

PEIXINHOS DA HORTA

Haricots verts frits ☛ *Estrêmadure*

Nettoyez et effilez les haricots. Pochez-les 3 à 4 minutes à l'eau bouillante salée puis égouttez-les et réservez-les (s'ils sont trop longs, coupez-les en deux).
Prenez un saladier, mettez-y la farine et une pincée de sel puis versez un verre d'eau que vous pouvez additionner d'une goûte de vin si vous le désirez. Mélangez au batteur de façon à obtenir une pâte fluide et lisse (en rajoutant de l'eau si nécessaire). Unissez l'œuf et l'oignon finement haché. Laissez-la reposer une demi-heure.
Plongez les haricots dans la pâte, laissez-les tremper quelques minutes puis faites-les frire (un par un) dans l'huile bouillante. Égouttez-les et déposez-les sur du papier absorbant. Salez légèrement et servez chauds avec des quartiers de citron.
Quoique cette recette soit excellente avec toutes sortes de haricots verts, au Portugal, on préfère utiliser de jeunes haricots de Lima bien tendres.

Haricots verts, 500 g
Farine, 100 g
Un œuf
Un quartier d'oignon
Vin blanc sec (facultatif)
Un citron (décoration)
Sel
Bain de friture

Portions: 6	
Temps de préparation: 15'+30'	
Temps de cuisson: 20'	
Difficulté: ● ●	
Goût: ● ●	
Kcal (par portion): 339	
Protéines (par portion): 38	
Mat. gr. (par portion): 42	
Apport nutritionnel: ● ● ●	

PATANISCAS DE BACALHAU

Beignets de morue ☛ *Estrémadure*

Morue dessalée, 800 g
Farine, 150 g
Un oignon
Un œuf
Lait, 2 dl
2 citrons
   (dont un pour décorer)
Persil
Sel et poivre
Huile d'olive
Bain de friture

Portions: 8	
Temps de préparation: 15'+2h15'	
Temps de cuisson: 15'	
Difficulté: ● ● ●	
Goût: ● ●	
Kcal (par portion): 470	
Protéines (par portion): 20	
Mat. gr. (par portion): 37	
Apport nutritionnel: ● ● ●	

Une vue du château de Leiria.

1 Égouttez la morue, enlevez peau et arêtes, puis découpez-la en lanières. Mélangez le lait et le jus de citron dans un saladier et mettez-y la morue à mariner deux heures en la retournant de temps en temps.

2 Dans un autre saladier mettez la farine, l'œuf, une cuillerée d'huile d'olive et une pincée de sel et de poivre. Amalgamez au batteur en ajoutant de l'eau en quantité nécessaire pour obtenir une pâte épaisse et lisse. Unissez l'oignon et un brin de persil finement hachés.

3 Retirez les morceaux de morue de la marinade, égouttez-les et émiettez-les dans la pâte. Laissez reposer encore un quart d'heure. Prélevez la pâte avec une cuiller et faites-la frire dans l'huile bouillante.

4 Au fur et à mesure qu'ils sont dorés, sortez les *pataniscas* avec une écumoire et déposez-les sur du papier absorbant. Salez légèrement. Servez chauds en hors-d'œuvre avec des quartiers de citron.

SANTOLA NO CARRO

Crabes farcis ☞ *Douro*

2 crabes, 800 g env.
  en tout
Chapelure complète, 300 g
Un oignon
Persil (préparation et
  (décoration)
Piment fort en poudre
Porto sec
Tomates cerise
  (décoration)
Sel et poivre
Huile d'olive

Portions: 6	
Temps de préparation: 25'	
Temps de cuisson: 15'	
Difficulté: ● ●	
Goût: ● ●	
Kcal (par portion): 369	
Protéines (par portion): 14	
Mat. gr. (par portion): 10	
Apport nutritionnel: ● ●	

1 Lavez les crabes, mettez-les à cuire 5 à 6 minutes dans l'eau bouillante salée puis égouttez-les (conservez l'eau de cuisson). Ouvrez-les en séparant la carapace du corps, sans casser celui-ci et sans détacher les pinces et les pattes. Débarrassez-les des branchies et autres puis décortiquez-les soigneusement. Hachez l'oignon et faites-le revenir dans 2 à 3 cuillers d'huile d'olive. Hors du feu, unissez la chair de crabe, la chapelure, un brin de persil haché, une pincée de sel, de poivre et de piment en poudre. Remettez la poêle sur feu vif, mouillez avec un demi-verre de porto et laissez cuire deux minutes en remuant. Versez cette préparation dans un saladier.

2 Remplissez l'intérieur des crabes avec cette préparation en lissant bien le dessus et remettez les carapaces. Après quoi, glissez les crabes au four préchauffé à 140 °C juste le temps de les réchauffer, sans les gratiner. Servez les crabes *no carro* (dans leur carapace) avec un brin de persil et un décor de tomates. Ils se mangent tièdes.

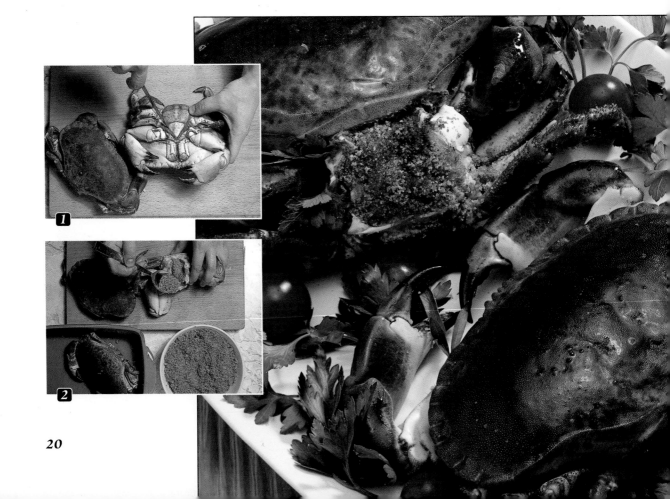

Riz, SOUPES ET POTAGES

Simplicité, goût et fantaisie: trois ingrédients
qui ne font jamais défaut sur les tables lusitaines
mais qui sont à leur apogée dans ce chapitre.
À côté du très célèbre caldo verde, vous découvrirez
des recettes traditionnelles qui transforment
en délices des ingrédients tout simples,
voire "pauvres", mais d'une bonté authentique.
Le pain et le riz se disputent ici le premier rôle.
Leur rivalité se joue sur la variété, épousant
tour à tour poissons, coquillages et crustacés,
viandes et charcuteries, légumes verts,
légumes secs et herbes des champs.
Une palette de mets sains et généreux
qui, pour la diététique moderne, sont de véritables
plats uniques adaptés à tous les types de repas.

2

ARROZ DE BACALHAU

Riz à la morue ☞ *Douro*

Riz rond, 300 g
Morue non dessalée, 500 g
Un oignon
3 tomates mûres
Huile d'olive

Portions: 4	
Temps de préparation: 10'	
Temps de cuisson: 45'	
Difficulté: ● ●	
Goût: ● ● ●	
Kcal (par portion): 469	
Protéines (par portion): 27	
Mat. gr. (par portion): 10	
Apport nutritionnel: ● ●	

1 Contrairement à d'habitude, vous ne devez pas mettre la morue à dessaler mais simplement la rincer sous l'eau courante froide, lui enlever la peau et la découper en morceaux. Épluchez l'oignon, débitez-le en lamelles et faites-le fondre à petit feu dans une grande cocotte (en terre de préférence) avec 3 à 4 cuillers d'huile d'olive. Unissez la morue et faites-la revenir doucement une dizaine de minutes. Après quoi ajoutez les tomates épépinées et laissez cuire à tout petit feu une dizaine de minutes en écrasant les tomates.

2 Mettez environ 2 litres d'eau dans la cocotte, portez-la à ébullition puis versez le riz en pluie et faites-le cuire juste ce qu'il faut, à petit feu (inutile de saler). Il devra absorber pratiquement tout le liquide. Remuez-le de temps en temps pour que le riz ne colle pas au fond. Servez bien chaud.

ARROZ DE BERBIGÃO

Riz aux coques ☞ *Algarve*

1 Mettez les coquillages à dégorger (changez l'eau au moins deux fois). Après quoi rincez-les et, sans les égoutter, placez-les dans une *cataplana* (voir page 11) ou un récipient similaire. Couvrez et faites ouvrir les coques à petit feu. Sortez-les de l'eau, que vous conserverez, puis égouttez-les et réservez-les au chaud. Épluchez l'ail, émincez-le en fines lamelles et faites-le fondre à petit feu dans 5 à 6 cuillers d'huile d'olive, toujours dans la *cataplana*. Versez-y l'eau de cuisson des coquillages filtrée, ajoutez de l'eau légèrement salée (en tout, un litre et demi environ de liquide) et un bouquet de coriandre fraîche. Portez à ébullition et laissez bouillir environ 5 minutes.

2 Retirez la coriandre et versez le riz. Rectifiez l'assaisonnement puis couvrez le récipient et laissez cuire tout doucement le temps que le riz absorbe pratiquement tout le liquide. Au bout d'une quinzaine de minutes, retirez du feu et ôtez le couvercle (la cuisson peut également se faire au four, à 180 °C, mais cela prendra deux fois plus de temps). Unissez alors les *berbigões* et saupoudrez de persil haché.

Le berbigão - pluriel berbigões - ou coque est un mollusque bivalve (Cerastoderma edule). Sa coquille, couleur ivoire, est très bombée et striée de côtes uniformes. Le mollusque lui-même est jaune. Si vous ne trouvez pas de coques, vous pouvez les remplacer par des petites palourdes.

Riz rond, 300 g
Coques, 1 kg
   (voir ci-dessous)
4-5 gousses d'ail
Coriandre fraîche
Persil
Sel et poivre
Huile d'olive

Portions: 4	
Temps de préparation: 10'	
Temps de cuisson : 30'	
Difficulté: ●●	
Goût: ●●	
Kcal (par portion): 469	
Protéines (par portion): 20	
Mat. gr. (par portion): 14	
Apport nutritionnel: ●●	

ARROZ DE CABIDELA

Riz au poulet ☛ *Beira Alta*

Riz rond, 300 g
Un poulet, 1,2 kg env
  (prêt à cuire)
Un oignon
Une gousse d'ail
Laurier et persil
Carqueja (voir page 25)
Concentré de tomate en tube
  (facultatif)
Vinaigre de vin rouge
Sel et poivre
Huile d'olive

Portions: 4	
Temps de préparation: 15'	
Temps de cuisson: 50'	
Difficulté: ● ●	
Goût: ● ●	
Kcal (par portion): 623	
Protéines (par portion): 32	
Mat. gr. (par portion): 27	
Apport nutritionnel: ● ● ●	

1 Découpez le poulet en petits morceaux (une vingtaine). Prenez une grande cocotte en terre si possible. Versez-y 3 à 4 cuillers d'huile et faites-y revenir le poulet avec l'oignon émincé, l'ail écrasé, une feuille de laurier, un brin de persil, une feuille de *carqueja* et une pincée de sel et de poivre. Réglez sur petit feu et mettez le couvercle. Faites cuire le poulet en ajoutant un peu d'eau si nécessaire (il doit rester ferme).

2 Au bout d'une trentaine de minutes, rajoutez un litre et demi d'eau, couvrez à nouveau et portez à ébullition. Versez le riz en pluie et faites-le cuire à petit feu et à couvert une vingtaine de minutes de façon à ce qu'il absorbe tout le liquide. N'oubliez pas de remuer de temps en temps.

3 Quelques instants avant la fin de la cuisson, ajoutez un petit verre de vinaigre dans lequel, si vous le désirez, vous pouvez délayer une cuiller à café de concentré de tomate. Amalgamez le tout et, dès que le riz recommence à bouillir, retirez-le du feu et servez.

Il s'agit, on l'aura compris, d'un plat unique à tous les effets; comme c'est souvent le cas pour les "entrées" portugaises.

Vue panoramique de la petite ville de Manteigas, près de Guarda.

La carqueja (Genistella triloba-ta) est un arbuste aromatique commun au Portugal (ainsi qu'en certains endroits en Es-pagne où il est appelé carqueisa). En cuisine, on en utilise les feuilles, très odo-rantes, tandis que ses branches servent comme bois pour parfu-mer les grillades. Vous pouvez le remplacer par du thym.
Dans la recette traditionnelle du riz au poulet on utilise le sang du poulet à la place du concentré de tomate mais, si vous préférez, vous pouvez le remplacer par du piment doux en poudre.

ARROZ DE POLVO

Riz au poulpe ☞ *Beira Litoral*

Riz rond, 300 g	
Poulpe (un gros ou plusieurs petits), 600-700 g	
Un oignon	
Sel et poivre	
Huile d'olive	

Portions:	4
Temps de préparation:	20'
Temps de cuisson:	1h 15'
Difficulté:	●●
Goût:	●●
Kcal (par portion):	377
Protéines (par portion):	7
Mat. gr. (par portion):	82
Apport nutritionnel:	●●

1 Nettoyez le poulpe (éliminez intestins, bec et yeux) puis rincez-le sous l'eau courante froide. Plongez-le dans l'eau bouillante légèrement salée, couvrez et faites cuire 20 minutes. Laissez-le refroidir dans son eau puis égouttez-le et débitez-le en petits morceaux. Prenez une grande cocotte en terre munie d'un couvercle ou, mieux encore, une *cataplana* (voir page 11). Versez-y 3 à 4 cuillers d'huile d'olive et faites revenir l'oignon haché sur petit feu. Ajoutez le poulpe et une pincée de sel et de poivre. Couvrez et laissez cuire, toujours sur petit feu, en rajoutant petit à petit un peu d'eau de cuisson du poulpe que vous aurez réchauffée.

2 Une fois que le poulpe est cuit, mettez le reste de son eau de cuisson dans la cocotte et ajoutez suffisamment d'eau pour cuire le riz (en tout, un litre et demi de liquide environ). Portez à ébullition puis versez le riz en pluie, rectifiez l'assaisonnement et remuez. Retirez la cocotte du feu, couvrez-la et glissez-la au four préchauffé à 160 °C le temps que le riz absorbe tout le liquide. Sortez le riz du four, arrosez-le d'un filet d'huile d'olive et servez.

AÇORDA À ALENTEJANA

Soupe de pain à l'ail ☞ *Alentejo*

6 grosses tranches de pain
  de campagne dur
4 œufs
3-4 gousses d'ail
Coriandre fraîche
  (ou menthe pouillot)
Bouillon de légumes
  (en cube), 1,5 l
Olives en saumure
  (garniture)
Gros sel
Huile d'olive

Portions: 4	
Temps de préparation: 15'	
Temps de cuisson: 10'	
Difficulté: ● ●	
Goût: ● ● ●	
Kcal (par portion): 522	
Protéines (par portion): 21	
Mat. gr. (par portion): 22	
Apport nutritionnel: ● ● ●	

Mettez les œufs dans une casserole d'eau froide et portez à ébullition, faites cuire 7 minutes puis retirez-les de l'eau. Écrasez un beau brin de coriandre fraîche, l'ail pelé et une bonne cuillerée de gros sel (au pilon dans un mortier ou au mixeur) pour obtenir une pâte lisse. Versez celle-ci dans une soupière ainsi que 4 à 5 cuillers d'huile d'olive. Ajoutez le bouillon chaud (voir ci-contre) et mélangez (si vous voulez le faire dans les règles de l'art, utilisez une tranche de pain dur au lieu d'une cuiller). Plongez-y maintenant le pain dur que vous aurez coupé en gros morceaux et couvrez la soupière (à moins que vous ne préfériez une soupe plus liquide). Entretemps, écalez les œufs durs et déposez-les sur la soupe (ou bien dans un récipient séparé). Remettez le couvercle sur la soupière et portez votre *açorda* à table avec des olives. Découvrez au moment de servir.

Au Portugal l'açorda se prépare d'habitude avec l'eau de cuisson de la morue ou du nonat, ou tout simplement avec de l'eau chaude. Cette soupe se sert traditionnellement avec des œufs et des olives. Mais elle peut également s'accompagner de sardines ou d'anchois frits, de lanières de poivron vert, d'herbes sauvages et, même, de figues et de raisin.

AÇORDA DE CAMARÃO

Soupe de pain aux langoustines ☞ *Estrémadure*

Langoustines (ou grosses
  crevettes), 1 kg
5-6 tranches de pain
  de campagne dur
3 gousses d'ail
2 jaunes d'œuf
Piment fort en poudre
Persil
Vin blanc sec
Sel et poivre
Huile d'olive

Portions: 4	
Temps de préparation: 20'	
Temps de cuisson: 1h env.	
Difficulté: ●●	
Goût: ●●●	
Kcal (par portion): 526	
Protéines (par portion): 44	
Mat. gr. (par portion): 31	
Apport nutritionnel: ●●●	

1 Lavez les crustacés et cuisez-les brièvement dans 2 litres d'eau bouillante peu salée avec un brin de persil et une goutte de vin. Égouttez-les mais conservez leur eau de cuisson et décortiquez-les (sauf 4 pour la décoration) en éliminant l'intestin. Réservez les queues de langoustines au chaud. Remettez carapaces, têtes et pinces dans l'eau de cuisson et faites cuire à petit bouillon une trentaine de minutes. Passez le bouillon au chinois au-dessus d'une soupière. Coupez le pain en morceaux et mettez-le à tremper dans la soupière.

2 Prenez une grande cocotte (en terre de préférence), versez-y 4 à 5 cuillers d'huile et faites revenir l'ail. Dès qu'il commence à blondir, ajoutez le bouillon et le pain. Laissez cuire à petit feu en remuant. Une fois que le pain a complètement ramolli et que la soupe est lisse, salez, poivrez et ajoutez une pincée de piment en poudre. Unissez alors les queues de langoustines et mélangez délicatement le tout. Décorez l'*açorda* avec les langoustines entières et un brin de persil avant de servir.
Cette soupe est, comme la précédente, un plat unique qu'il suffira de faire suivre d'un dessert.

CALDO DE CEBOLA

Potage d'oignons et pommes de terre ☞ *Trás-os-Montes*

4 pommes de terre moyennes
3 oignons
Salpicão, 100 g (un petit
    morceau) (voir page 6)
Sel
Huile d'olive

Portions: 4	
Temps de préparation: 10'	
Temps de cuisson: 35'	
Difficulté: ●	
Goût: ● ● ●	
Kcal (par portion): 357	
Protéines (par portion): 13	
Mat. gr. (par portion): 17	
Apport nutritionnel: ● ●	

Épluchez les pommes de terre et mettez-les à cuire en même temps que le *salpicão* dans une marmite d'eau bouillante salée (2 litres environ) avec 2 ou 3 cuillers d'huile. Une fois cuites, sortez les pommes de terre du bouillon (en le laissant sur le feu) et réservez-les au chaud. Mettez maintenant les oignons en quartiers dans le bouillon, salez à votre goût et faites cuire à petit feu. Versez le bouillon et l'oignon dans quatre bols où vous aurez mis une pomme de terre (ou deux si elles sont petites) et quelques rondelles de *salpicão*. Servez immédiatement.
Un potage tout simple, savoureux et nourrissant qui n'a guère besoin d'être suivi d'un plat de résistance car il réunit déjà viande et légumes.

CALDO VERDE

Potage de pommes de terre et de chou ☞ *Minho*

Couve galega (ou chou vert),
  500 g
4 pommes de terre moyennes
Un oignon
2-3 gousses d'ail
Chouriço, 200 g
  (voir page 6)
Persil ou coriandre fraîche
  (décoration)
Sel
Huile d'olive

Portions: 4	
Temps de préparation: 20'	
Temps de cuisson: 30'	
Difficulté: ● ●	
Goût: ● ●	
Kcal (par portion): 436	
Protéines (par portion): 20	
Mat. gr. (par portion): 23	
Apport nutritionnel: ● ●	

Parez le chou en éliminant le trognon et les feuilles dures puis lavez-le, pochez-le et divisez les feuilles. Épluchez l'ail, l'oignon et les pommes de terre puis coupez ces dernières en morceaux. Prenez une grande cocotte munie d'un couvercle (en terre de préférence) et mettez-y l'ail, l'oignon et les pommes de terre. Ajoutez 2 ou 3 cuillers d'huile d'olive et couvrez d'eau (environ un litre et demi). Portez à ébullition puis baissez le feu et faites cuire à petit bouillon et à couvert une quinzaine de minutes. Entre-temps, enroulez les feuilles de chou sur elles-mêmes et détaillez-les en lanières, le plus fin possible. Une fois cuits, mixez les légumes directement dans le bouillon (sinon, sortez-les, mixez-les et remettez-les dans la cocotte). Ajoutez ensuite les lanières de chou, le *chouriço* en rondelles et une pincée de sel. Portez à nouveau à ébullition, couvrez et poursuivez la cuisson à feu doux un petit quart d'heure. Servez le potage bien chaud après l'avoir parsemé de persil. À table, chacun pourra l'arroser d'un filet d'huile d'olive s'il le désire.

CANJA DE CONQUILHAS

Riz au bouillon de palourdes ☞ *Algarve*

Riz rond, 180 g
Petites palourdes, 1 kg
2 jaunes d'œuf
Un oignon
Un citron
Persil
Sel
Huile d'olive

Portions: 4	
Temps de préparation: 15′	
Temps de cuisson: 25′	
Difficulté: ● ●	
Goût: ●	
Kcal (par portion): 415	
Protéines (par portion): 21	
Mat. gr. (par portion): 18	
Apport nutritionnel: ● ● ●	

1 Préparez les coquillages pour la cuisson (voir page 10), après quoi, mettez-les dans une sauteuse avec un tout petit peu d'eau et faites-les ouvrir à feu vif. Retirez-les du feu et jetez ceux qui ne sont pas ouverts. Filtrez le jus de cuisson et gardez-le en attente. Hachez finement l'oignon et un brin de persil puis faites-les revenir dans 4 ou 5 cuillers d'huile d'olive, de préférence dans une cocotte en terre.

2 Prenez une grande cocotte et versez-y les coquillages, leur jus et de l'eau chaude en quantité suffisante pour cuire le riz (un litre et demi en tout). Portez à ébullition, rectifiez l'assaisonnement et versez le riz en pluie. Faites-le cuire de façon à ce qu'il absorbe pratiquement tout le liquide. Retirez du feu et laissez refroidir un petit peu avant d'incorporer les jaunes d'œuf, battus avec le jus du citron et un brin de persil haché. Amalgamez délicatement le tout et servez immédiatement.
Et les palourdes? Elles se servent en hors-d'œuvre.

MIGAS À ALENTEJANA

Panade au porc ☞ *Alentejo*

Côtelettes de porc, 400 g
Longe de porc désossée, 300 g
Lard ou poitrine, 100 g
Pain de campagne (sans sel),
  600 g
3-4 gousses d'ail
Piment fort
  en poudre
Sel

Portions: 4	
Temps de préparation: 15'+8 h	
Temps de cuisson: 20'	
Difficulté: ●	
Goût: ●●●	
Kcal (par portion): 812	
Protéines (par portion): 36	
Mat. gr. (par portion): 34	
Apport nutritionnel: ●●●	

1 Pilez l'ail au mortier (ou passez-le au mixeur) puis unissez 2 cuillers à café de piment en poudre. Avec cette pâte enduisez les côtelettes et la longe de porc avant de les mettre dans un récipient couvert. Laissez reposer 8 heures. Après quoi, découpez les côtelettes et la longe en petits morceaux et le jambon en dés. Prenez une cocotte, en terre cuite si possible, versez-y une goutte d'eau et faites-y revenir les deux viandes et le jambon sur petit feu. Dès que les morceaux sont uniformément dorés, sortez-les et réservez-les. Passez le fond de cuisson au chinois et réservez-le.

2 Coupez le pain en morceaux et mettez-le dans une grande soupière, humectez-le avec de l'eau tiède et émiettez-le à la main, sans le réduire en bouillie. Transvasez-le dans une poêle, arrosez-le avec un peu de fond de cuisson de la viande et, en remuant, chauffez à feu doux le temps que le pain soit bien doré. Salez et poivrez. Transvasez le pain dans un plat de service et arrosez-le avec le reste de fond de cuisson. Disposez par dessus les côtelettes, la longe et le lard et servez.

Il s'agit, on l'aura compris, d'un plat unique.

MIGAS DE PÃO DE MILHO

Panade aillée ☛ *Ribatejo*

1 Découpez le pain en tranches et mettez-les dans une grande cocotte, en terre si possible. Couvrez d'eau bouillante légèrement salée et portez à ébullition. Laissez bouillir 5 à 6 minutes puis retirez du feu et jetez l'eau. Écrasez le pain avec un pilon en bois, mais sans le réduire en bouillie.

2 Au milieu du pain creusez une fontaine de 10 cm de diamètre environ, mettez-y l'ail grossièrement haché et remplissez-le d'huile. Arrosez copieusement d'huile le pain tout autour. Remettez la cocotte sur feu doux et portez à ébullition, laissez cuire 5 minutes en remuant. Au mo-

ment de servir, lisser le dessus et décorez avec des olives. C'est l'accompagnement idéal des sardines grillées (voir page 63).

Il s'agit d'une recette toute simple, délicieuse et saine, y compris pour les critères modernes de la diététique. Elle a son secret. En effet, pour écraser le pain, on utilise au Portugal un pilon en bois d'oranger, le Ribatejo, dont la forme particulière lui vaut également le nom de pé de chibo (pied de chevreau).
Si vous préférez, à la place du pain de maïs, vous pouvez utiliser de la broa (voir page 34).

Pain de maïs dur, 500 g
3 gousses d'ail
Olives en saumure
   (garniture)
Sel
Huile d'olive

Portions: 4	
Temps de préparation: 5'	
Temps de cuisson: 10'	
Difficulté: ●	
Goût: ● ● ●	
Kcal (par portion): 478	
Protéines (par portion): 10	
Mat. gr. (par portion): 16	
Apport nutritionnel: ● ●	

MIGAS DA LOUSÃ

Soupe de légumes à la "broa" ☛ *Beira Litoral*

Haricots en grains
  (frais ou surgelés), 250 g
Jeunes pousses de navets, 300 g
2-3 gousses d'ail
Huile d'olive

Pour la broa:
Farine, 300 g
  (et pour fariner la planche)
Farine de maïs, 200 g
Levure de bière, 20 g
Lait, 1 dl env.
Sel
Huile d'olive

Portions: 4	
Temps de préparation: 30'+5h	
Temps de cuisson: 1h 40'	
Difficulté: ● ●	
Goût: ● ●	
Kcal (par portion): 759	
Protéines (par portion): 20	
Mat. gr. (par portion): 25	
Apport nutritionnel: ● ● ●	

1 Pour faire la *broa*, qui est une sorte de pain de campagne, mettez les deux farines dans un grand saladier et, après avoir creusé un puits, ajoutez la levure délayée dans un peu d'eau chaude et une pincée de sel. Versez une goutte de lait et travaillez la pâte au batteur en mouillant à mesure avec le reste de lait et de l'eau en quantité suffisante. Vous devez obtenir une pâte lisse et épaisse. Roulez la pâte en boule, enduisez-la légèrement d'huile et couvrez-la d'un linge. Laissez-la lever une petite heure: elle doublera de volume.

2 Reprenez la pâte, pétrissez-la sur une planche farinée puis donnez-lui la forme d'un pain rond et plat. Glissez-la sur la plaque du four légèrement graissée et couvrez-la à nouveau d'un linge. Laissez-la reposer encore 4 heures. Après quoi, enfournez-la 35 minutes à 200 °C. Sortez la *broa* quand elle est bien dorée.

3 Cuisez les haricots à l'eau bouillante légèrement salée sur feu doux à couvert puis égouttez-les et réservez-les au chaud. Nettoyez les pousses de navets et ébouillantez-les à l'eau salée (elles doivent rester croquantes). Égouttez-les et coupez-les grossièrement. Prenez une grande soupière et remplissez-la, dans l'ordre, d'une couche de haricots, de *broa* émiettée et de pousses de navets.

4 Versez un petit verre d'huile dans une casserole et faites-y revenir l'ail écrasé. Quand il commence à dorer, retirez-le et versez l'huile brûlante sur la soupe.

Une délicieuse soupe
végétarienne
qui se transforme
en plat unique
si vous la servez
avec du **chouriço cuit.**

PASTÉIS DE MOLHO

Friands au bouillon ☛ *Beira Baixa*

Pour la pâte:
Un œuf et un jaune
Farine, 300 g (et pour
   fariner la planche)
Saindoux (ou beurre),
   100 g env.
Sel

Viande maigre hachée
   de veau, 300 g
Un oignon
Persil
Safran (pistils)
Vinaigre de vin rouge
Sel et poivre
Huile d'olive

Portions: 6	
Temps de préparation: 40'+30'	
Temps de cuisson: 35'	
Difficulté: ● ●	
Goût: ● ●	
Kcal (par portion): 809	
Protéines (par portion): 29	
Mat. gr. (par portion): 41	
Apport nutritionnel: ● ● ●	

1 Mettez la farine dans un saladier, creusez-la en puits et incorporez (au batteur) l'œuf et le jaune, une pincée de sel et de l'eau en quantité suffisante pour obtenir une pâte lisse et épaisse. Laissez-la reposer le temps que vous préparez la farce.

2 Préparez la farce: faites fondre l'oignon haché dans 3 à 4 cuillers d'huile puis ajoutez la viande hachée, du sel et du poivre. Faites-la revenir une douzaine de minutes puis laissez refroidir et mettez en attente.

3 Reprenez la pâte et étalez-la au rouleau sur une planche farinée. Donnez-lui la forme d'un disque que vous badigeonnerez de saindoux ramolli. Ensuite, enroulez-la sur elle-même et pétrissez-la à nouveau à la main pour amalgamer la graisse. Répétez cette opération plusieurs fois. Après quoi, étalez la pâte et, sans la badigeonner, enroulez-la une dernière fois et laissez-la reposer une demi-heure.

4 Découpez le rouleau de pâte en 6 rondelles d'environ 1 cm et demi d'épaisseur. Enduisez-les d'huile et abaissez-les en disques de 16 à 18 cm de diamètre. Déposez au milieu de chaque une boule de farce de la grosseur d'un abricot puis repliez la pâte en deux en soudant les bords. Rangez ces *pastéis* sur la plaque du four huilée. Enfournez-les 15 minutes à 200 °C puis sortez-les et laissez-les refroidir. Entre-temps, faites bouillir une dizaine de minutes un litre et demi d'eau contenant 3 cuillers de vinaigre, une pincée de sel, un brin de persil et une pincée de pistils de safran. Déposez un friand dans chaque bol, recouvrez de bouillon filtré, décorez avec un brin de persil et servez sans attendre.

Les jardins de l'ancien palais épiscopal à Castelo Branco.

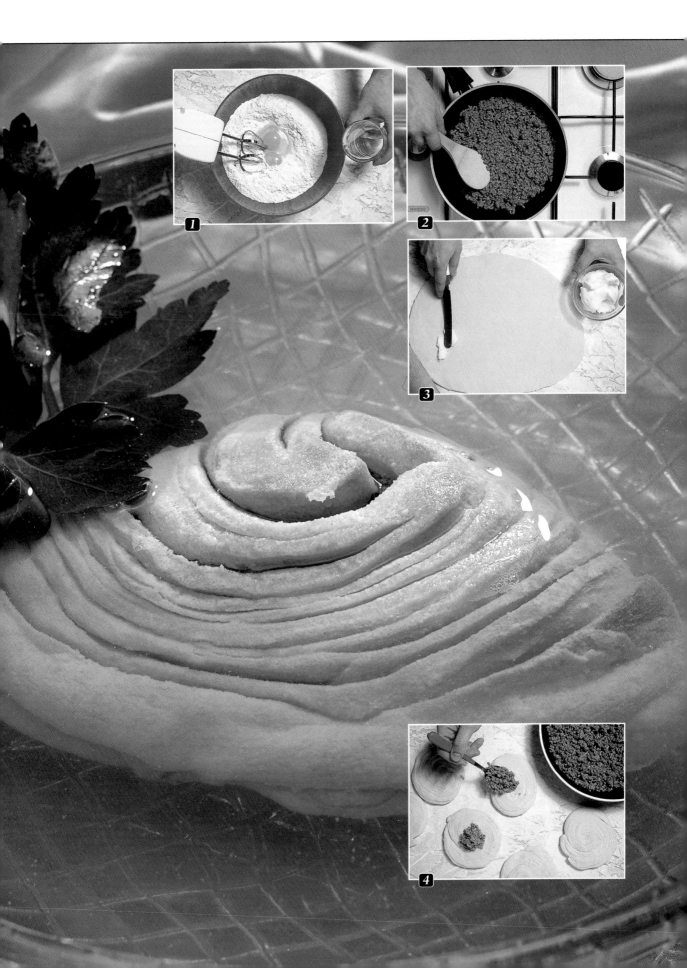

RANCHO À MODA DO MINHO

Soupe de légumes au porc ☞ *Minho*

Pâtes courtes, 120 g
Pied de veau, 250 g
Poitrine de porc, 250 g
    (en un seul morceau)
Chouriço, 250 g (voir page 6)
Pois chiches, 350 g
3-4 pommes de terre
2 oignons
Piment en poudre
Sel et poivre
Saindoux, 20 g
Huile d'olive

Portions: 6	
Temps de préparation: 10'+6h	
Temps de cuisson: 2h 15'	
Difficulté: ●●	
Goût: ●●	
Kcal (par portion): 966	
Protéines (par portion): 43	
Mat. gr. (par portion): 56	
Apport nutritionnel: ●●●	

*L'église du Bom Jesus do Monte
à Braga et son escalier majestueux.*

1 Mettez les pois chiches à tremper 6 heures à l'avance puis égouttez-les. Transvasez-les dans une grande cocotte (en terre si possible) en même temps que le pied de porc, la poitrine et le *chouriço* en morceaux. Couvrez abondamment d'eau froide, salez et poivrez. Mettez le couvercle, portez à ébullition et laissez bouillir deux heures environ.

2 Entre-temps, faites revenir les oignons finement hachés dans une sauteuse avec 5 à 6 cuillers d'huile où vous aurez fait fondre tout doucement le saindoux. Réservez au chaud.

3 Goûtez la viande et la saucisse. Si elles sont cuites, sortez-les de la cocotte et égouttez-les. Désossez le pied de porc et découpez la viande en petits morceaux ainsi que la poitrine. Coupez le *chouriço* en rondelles. Remettez le tout dans la cocotte avec les pois chiches. Ajoutez-y l'oignon et sa graisse, les pâtes, les pommes de terre épluchées (coupées en dés), sel, poivre et une pointe de piment. Quand les pâtes et les pommes de terre sont cuites mais encore fermes, retirez le *rancho* du feu et servez-le brûlant.

SOPA DA BEIRA

Soupe de chou à la bouillie de maïs ☛ *Beira Alta*

Farine de maïs, 200 g
Un demi-chou frisé
Une botte de jeunes pousses
   de navets
Un os de jambon (avec restes
   de chair et de gras)
Sel et poivre
Huile d'olive

Portions: 4	
Temps de préparation: 15'	
Temps de cuisson: 2h env.	
Difficulté: ●●	
Goût: ●●	
Kcal (par portion): 288	
Protéines (par portion): 6	
Mat. gr. (par portion): 10	
Apport nutritionnel: ●●	

1 Prenez une grande cocotte, en terre de préférence, et munie d'un couvercle. Versez-y environ 2 litres d'eau non salée et mettez-y l'os de jambon entier (ou coupé en deux s'il est trop gros). Portez à ébullition, couvrez, baissez le feu au minimum et laissez cuire une petite heure. Entre-temps nettoyez le chou et les pousses de navets, lavez-les puis égouttez-les et épongez-les. Effeuillez le chou et prenez les plus belles feuilles que vous couperez grossièrement ainsi que les pousses de navets (opération qui devrait se faire à la main).

2 Le moment venu, sortez l'os et nettoyez-le soigneusement. Remettez les morceaux de viande dans le bouillon, ajoutez les légumes, 2 à 3 cuillers d'huile d'olive, sel et poivre. Faites cuire sur feu doux à couvert une trentaine de minutes puis ajoutez la farine de maïs délayée dans un peu d'eau froide. Augmentez la flamme et faites cuire la farine à découvert en remuant sans arrêt jusqu'à ce qu'elle épaississe. Servez sans attendre.

SOPA DE CAÇÃO

Soupe trempée à la raie ☛ *Alentejo*

1 Enlevez la peau et les cartilages de la raie. Mettez-la à mariner dans 2 verres de vinaigre et 2 verres d'eau avec une pincée de sel et 2 feuilles de laurier. Laissez reposer deux heures environ en remuant de temps en temps. Prenez une grande cocotte, en terre si possible, et mettez-y à revenir l'ail épluché et un brin de coriandre fraîche hachée dans 3 à 4 cuillers d'huile. Versez-y un litre et demi d'eau environ, salez et portez à ébullition. Ajoutez le poisson.

2 Unissez maintenant la farine, que vous aurez délayée dans un verre de vinaigre, et une cuiller à café de piment en poudre. Baissez et laissez sur petit feu le temps que la raie cuise et que la farine épaississe. Mettez les tranches de pain, coupées en deux, dans une soupière et versez le bouillon par dessus. Enfin, dressez les filets de raie sur la soupe et servez. Il s'agit indubitablement d'un plat unique.

Filets de raie, 500 g
6-8 tranches fines de pain
  de campagne dur
3 gousses d'ail
Laurier et coriandre fraîche
Piment doux
  en poudre
Farine, 15 g
Vinaigre de vin blanc
Sel
Huile d'olive

Portions: 4-6	
Temps de préparation: 10'+2h	
Temps de cuisson: 20' env.	
Difficulté:	●
Goût:	●●
Kcal (par portion): 406	
Protéines (par portion): 21	
Mat. gr. (par portion): 12	
Apport nutritionnel:	●●

SOPA DE LANGUEIRÃO

Soupe de couteaux ☛ *Algarve*

Couteaux, 2 douzaines
Riz rond, 150 g
Un oignon
2-3 tomates mûres
Persil
Sel et poivre
Huile d'olive

Portions: 4	
Temps de préparation: 20'	
Temps de cuisson: 45'	
Difficulté: ●●	
Goût: ●●	
Kcal (par portion): 340	
Protéines (par portion): 15	
Mat. gr. (par portion): 12	
Apport nutritionnel: ●●	

1 Lavez soigneusement les co-quillages sous l'eau courante froi-de puis épongez-les. Mettez-les dans une sauteuse avec un doigt d'eau, couvrez et faites-les ouvrir à feu moyen. Ensuite égouttez-les, déco-quillez-les et remettez-les dans leur eau. Faites-les cuire encore 4 à 5 mi-nutes. Après quoi, sortez-les à nou-veau et rincez-les à l'eau froide pour les débarrasser de leur sable. Lais-sez-les en attente. Filtrez le jus de cuisson et réservez-le.

2 Prenez une grande cocotte munie d'un couvercle, en terre de préfé-rence. Versez-y 2 ou 3 cuillers d'hui-le et faites-y revenir l'oignon fine-ment haché et un brin de persil.

3 Ajoutez les tomates épépinées et concassées. Couvrez et laissez cuire à petit feu le temps que les to-mates fondent (10 minutes environ) en remuant de temps à autre.

4 Versez alors le jus de cuisson des couteaux, additionné d'eau chaude (environ un litre et demi en tout) et unissez les mollusques. Salez et poi-vrez. Portez à ébullition puis versez le riz en pluie et faites-le cuire le temps qu'il absorbe presque tout le liquide. Servez immé-diatement.

Vous pouvez également préparer cette sopa sans tomate. Dans ce cas, une fois que le riz est cuit, retirez le récipient du feu et incorporez 2 jaunes d'œuf que vous aurez battus dans du jus de citron, comme pour la recette de l'açorda de camarão (page 28).

SOPA DE FEIJÃO-MANTEIGA

Soupe de haricots aux légumes ☛ *Algarve*

Haricots de Lima (ou haricots blancs), frais ou surgelés, 200 g
4 pommes de terre
2 patates douces
Courge à chair jaune, 150 g (une tranche)
Un oignon
Persil
Sel
Huile d'olive

Portions: 4-6	
Temps de préparation: 10'	
Temps de cuisson: 1h env.	
Difficulté: ● ●	
Goût: ● ●	
Kcal (par portion): 399	
Protéines (par portion): 11	
Mat. gr. (par portion): 13	
Apport nutritionnel: ● ●	

Si vous décidez d'utiliser des haricots secs, mettez-les à tremper à temps (4 à 5 heures à l'avance). Placez les haricots dans une grande casserole d'eau froide et portez à ébullition. Couvrez, baissez le feu sur minimum et laissez cuire une trentaine de minutes, après quoi, égouttez-les. Épluchez la courge, que vous détaillerez en dés, et les pommes de terre et les patates douces, que vous couperez en morceaux. Hachez l'oignon et un brin de persil puis faites revenir ce hachis à petit feu dans une grande cocotte (en terre si possible) avec 4 ou 5 cuillers d'huile d'olive. Ajoutez les haricots et une pincée de sel. Faites cuire à feu doux et, au bout d'une dizaine de minutes, ajoutez les pommes de terre et les patates douces. Poursuivez la cuisson, toujours à petit feu, en rajoutant au besoin un peu d'eau de cuisson des haricots, mais pas trop: cette *sopa* doit être assez épaisse.

Haricots rouges
(rognons de coq ou similaires),
200 g
Poitrine fumée, 150 g
Chouriço, 100 g
(voir page 6)
4 pommes de terre
Une branche de céleri
Une carotte
Un quartier de chou vert
Un oignon
Une gousse d'ail
Laurier
Coriandre fraîche
Sel et poivre

Portions: 4-6	
Temps de préparation: 20'+3h	
Temps de cuisson: 1h 20'	
Difficulté:	● ●
Goût:	● ●
Kcal (par portion): 540	
Protéines (par portion): 22	
Mat. gr. (par portion): 26	
Apport nutritionnel:	● ● ●

SOPA DE PEDRA

Soupe de légumes à la charcuterie ☞ *Ribatejo*

Mettez les haricots à tremper 3 heures puis égouttez-les. Transvasez-les dans une grande cocotte (en terre si possible) ainsi que la poitrine, le *chouriço*, l'oignon en morceaux, l'ail écrasé, une feuille de laurier, sel et poivre. Couvrez abondamment d'eau légèrement salée et portez à ébullition. Mettez le couvercle et laissez cuire une petite heure à feu doux. Entre-temps nettoyez les légumes comme il se doit. Le moment venu, sortez les charcuteries du bouillon et égouttez-les. Sans éteindre le feu, mettez maintenant dans la cocotte les pommes de terre épluchées, les carottes en dés, le céleri en petits morceaux, le chou en lanières et un brin de coriandre. Faites cuire les légumes puis retirez la cocotte du feu. Remettez-y les charcuteries, que vous aurez découpées en morceaux, et saupoudrez de coriandre ciselée avant de servir.

Pourquoi ce nom "soupe de pierre"? À cause d'une légende. Elle raconte comment un homme, pauvre mais rusé, parvint à réunir tous les ingrédients pour se préparer une bonne soupe, à partir de rien, en quêtant de porte en porte: "À votre bon cœur. Je voudrais faire une soupe de caillou. Le caillou, je l'ai, et l'eau aussi. Il me faudrait une pomme de terre. Est-ce que vous pourriez m'en donner une?". Les gens lui donnèrent sans peine qui un oignon ou une carotte, qui une gousse d'ail ou du chou, qui un peu de sel ou un quignon de pain, et même un morceau de couenne. C'est en souvenir de cette histoire, qu'au Portugal on sert cette soupe traditionnelle en mettant au fond de la soupière un galet de rivière bien propre.

SOPA RICA DE PEIXE

Soupe de poisson ☞ Estrémadure

Mélange de bons poissons
   (lotte, congre, turbot ou raie),
   1 kg
Une anguille moyenne
Seiches ou calamars moyens,
   400 g
5 cigales
5 grosses crevettes
5 langoustines
Moules, 500 g
Palourdes, 500 g
2 oignons
2 gousses d'ail
Un poivron
Safran
Un bouquet garni (laurier,
   persil, un morceau
   de poireau)
6-8 tranches de pain grillé
   (pour servir)
Vin blanc sec
Sel
Poivre du moulin et en grains
Huile d'olive

Portions: 6-8	
Temps de préparation: 25'	
Temps de cuisson: 2h env.	
Difficulté: ● ● ●	
Goût: ● ● ●	
Kcal (par portion): 538	
Protéines (par portion): 44	
Mat. gr. (par portion): 21	
Apport nutritionnel: ● ●	

1 Nettoyez les poissons, les crustacés et les mollusques comme il se doit. Pour les langoustines et les crevettes: éliminez tête et intestin. Cuisez les seiches 20 minutes à l'eau bouillante puis égouttez-les et tranchez-les en anneaux. Découpez les poissons en morceaux. Conservez tous les rebuts (têtes, arêtes et nageoires des poissons et têtes des crustacés) pour le court-bouillon. Au besoin, vous pouvez utiliser du court-bouillon en cube.

2 Épluchez un oignon et émincez-le en lamelles puis faites-le fondre à petit feu dans une grande cocotte avec 5 cuillers d'huile avec les arêtes, les têtes et les nageoires que vous avez réservées. Au bout d'une dizaine de minutes, ajoutez environ un litre et demi d'eau, du sel et 3 à 4 grains de poivre. Couvrez et laissez cuire une petite heure à feu doux.

3 Prenez une autre grande cocotte, en terre si possible. Versez-y 5 cuillers d'huile et faites revenir l'ail écrasé que vous retirerez dès qu'il a blondi. Dans la même huile, faites fondre la deuxième oignon émincé et le bouquet garni (détaillez le morceau de poireau en julienne).

4 Nettoyez le poivron (éliminez graines et nervures) et coupez-le en lanières. Mettez-le dans la cocotte contenant l'oignon et le bouquet garni. Laissez cuire 7 à 8 minutes puis ajoutez le court-bouillon que vous aurez filtré, un verre de vin et une pincée de safran.

5 Unissez maintenant les seiches et le poisson (lotte, congre, turbot et autres). Portez à ébullition sur feu doux puis ajoutez l'anguille en morceaux, les mollusques et les crustacés. Poursuivez la cuisson à petit feu et rectifiez l'assaisonnement. Mettez les tranches de pain grillé dans le fond de la soupière, disposez poissons, crustacés et mollusques par-dessus et couvrez de bouillon (après avoir éliminé le bouquet garni). Portez à table.

SOPA DE TRIGO

Soupe de blé ☞ *Madère*

Blé, 150 g
Poitrine de porc fraîche, 300 g
4 pommes de terre moyennes
Une patate douce
Haricots blancs secs, 200 g
Courge à chair jaune, 200 g
  (une tranche)
Sel

Portions: 4-6	
Temps de préparation: 10'+5h	
Temps de cuisson: 1h 10'	
Difficulté: ● ●	
Goût: ● ●	
Kcal (par portion): 893	
Protéines (par portion): 19	
Mat. gr. (par portion): 52	
Apport nutritionnel: ● ● ●	

1 Mettez le blé et les haricots à tremper 4 à 5 heures à l'avance puis égouttez-les. Versez-les dans une grande cocotte munie d'un couvercle (en terre si possible). Ajoutez la poitrine et recouvrez d'eau froide. Salez et poivrez. Portez à ébullition puis mettez le couvercle et baissez le feu. Laissez cuire à petit bouillon au moins 3 heures.

2 Unissez les pommes de terre épluchées et coupées en dés, la patate douce entière et la courge épluchée et coupée en dés. Faites cuire encore une vingtaine de minutes puis éteignez. Sortez la poitrine du bouillon, découpez-la en petits morceaux et dressez-la dans un plat de service chaud avec la patate douce. Présentez-les en accompagnement. Servez votre soupe bien chaude (elle ne doit pas être trop liquide).

48

POISSON FRAIS, MORUE ET CRUSTACÉS

Au Portugal, la générosité et la bonté
de la cuisine de la mer sont proverbiales,
à juste titre. Nous avons dû faire des choix,
bien difficiles, pour vous proposer cette
sélection de recettes où figurent deux vedettes
incontestées. Tout d'abord, la caldeirada,
une sorte de bouillabaisse dont chaque petit
port à sa propre variante et ses secrets
jalousement gardés. Et bien sûr: la morue,
hissée au rang de plat national.
Parmi les recettes de morue, réunies à la fin
du chapitre, ne pouvait manquer le très
célèbre bacalhau à Gomes de Sá qui fait la
gloire de Oporto. Qu'il s'agisse de poissons
frais, de fruits de mer ou de morue, toutes
ces recettes sont de succulents plats uniques.

3

ATUM COM TOMATE

Thon à la tomate ☛ *Algarve*

Un tranche de thon,
   700-800 g env.
4 tomates mûres
Un oignon
2 gousses d'ail
Un clou de girofle
Laurier
Sel et poivre
Tomates et poivrons en salade
   (garniture)
Saindoux, 10 g
Huile d'olive

Portions: 4	
Temps de préparation: 10′	
Temps de cuisson: 30′ env.	
Difficulté: ● ●	
Goût: ● ●	
Kcal (par portion): 384	
Protéines (par portion): 44	
Mat. gr. (par portion): 17	
Apport nutritionnel: ● ●	

Épluchez l'ail et l'oignon, émincez-les en lamelles. Lavez les tomates, coupez-les en rondelles et épépinez-les. Prenez une cocotte munie d'un couvercle, en terre si possible, et versez-y un filet d'huile. Disposez-y la moitié de la tomate, de l'ail et de l'oignon. Sur ce lit, déposez la tranche de thon que vous aurez piquée avec le clou de girofle coupé en deux et badigeonnée de saindoux des deux côtés. Salez, poivrez et ajoutez une feuille de laurier. Couvrez le thon avec le reste de tomate, d'ail et d'oignon. Mettez le couvercle et portez sur petit feu. Laissez cuire à feu minimum pendant une petite demi-heure et, 5 à 6 minutes avant la fin de la cuisson, ôtez le couvercle pour faire épaissir la sauce. Servez le thon avec sa sauce et une salade de tomate et de poivron.

CALDEIRADA

Soupe de pêcheurs ☛ *Algarve*

Mettez les coquillages à dégorger dans l'eau froide en la renouvelant au moins deux fois. Nettoyez les calamars (éliminez becs, yeux, intestins et cartilages) puis rincez-les et coupez-les en petits morceaux, y compris les tentacules. Un conseil: s'ils sont gros, pochez-les une dizaine de minutes à l'eau bouillante avant de les découper, ils seront plus tendres. Après quoi, nettoyez tout le poisson (écaillez-le si nécessaire), rincez-le et débitez-le. Lavez les tomates, coupez-les en deux, épépinez-les, concassez-les et réservez-les. Épluchez l'ail et l'oignon puis émincez-les en lamelles. Prenez une grande cocotte en terre munie d'un couvercle. Versez-y 4 ou 5 cuillers d'huile et faites-y revenir l'ail et l'oignon à petit feu. Unissez ensuite la tomate, un brin de persil haché et le *piri-piri* épépiné et concassé. Laissez cuire à petit bouillon une dizaine de minutes puis ajoutez tout le poisson et les calamars. Versez un bon verre de vin et recouvrez d'eau tiède. Salez, poivrez et ajoutez une cuiller à café de piment en poudre. Mettez le couvercle et portez à ébullition. Laissez cuire encore 20 minutes à feu doux. Après quoi, retirez le couvercle, ajoutez les palourdes égouttées, augmentez le feu et poursuivez la cuisson 10 minutes. Servez la *caldeirada* – qui est un plat unique – avec des pommes de terre bouillies. Ou bien, si vous préférez, avec des tranches de pain grillé ou du *milho* (voir *Carne em vinha-d'alhos com milho frito*, recette page 92).

Mélange de bons poissons
(lotte, congre, émissole,
turbot, raie, etc.), 1,5 kg
Palourdes, 500 g
Calamars (ou seiches), 600 g
2 oignons
3 gousses d'ail
3-4 tomates mûres
Persil
Un *piri-piri*
(voir page 6)
Piment en poudre
(voir page 6)
Vin blanc sec
Pommes de terre bouillies
(garniture)
Sel et poivre
Huile d'olive

Portions: 6-8	
Temps de préparation: 25'	
Temps de cuisson: 45'	
Difficulté:	● ●
Goût:	● ● ●
Kcal (par portion): 384	
Protéines (par portion): 44	
Mat. gr. (par portion): 17	
Apport nutritionnel:	● ●

CAVALAS COM MOLHO DE VILÃO

Maqueraux marinés et "milho" ☞ *Madère*

4 maquereaux portion
(1 kg env. en tout)
6 gousses d'ail
Origan, thym et persil
Un *piri-piri* (voir page 6)
Vin blanc sec
Vinaigre de vin blanc
Milho cozido (voir ci-contre,
garniture)
Salade verte (pour servir)
Sel et poivre
Huile d'olive

Portions: 4	
Temps de préparation: 20'+5h	
Temps de cuisson: 15'	
Difficulté: ● ●	
Goût: ● ● ●	
Kcal (par portion): 479	
Protéines (par portion): 32	
Mat. gr. (par portion): 32	
Apport nutritionnel: ● ●	

1 Videz les maquereaux et rincez-les sous l'eau courante, après quoi enduisez-les (intérieur et extérieur) de sel et de poivre. Placez-les dans un récipient assez grand avec une tasse de vin blanc, un demi-verre de vinaigre, l'ail épluché et coupé en lamelles, une pincée d'origan et de thym effeuillé, un brin de persil haché et le *piri-piri* épépiné et concassé. Laissez mariner 4 à 5 heures en retournant les poissons de temps en temps.

2 Sortez les poissons de la marinade (que vous conserverez) et épongez-les. Faites-les dorer des deux côtés à la poêle dans un verre d'huile d'olive bouillante (mais non fumante) puis déposez-les sur du papier absorbant et réservez-les au chaud. Filtrez la marinade et pilez les morceaux au mortier (ou mixez-les). Délayez cette purée avec le jus de la marinade. Versez cette préparation dans la poêle contenant l'huile de friture, portez à ébullition et laissez épaissir. Rectifiez l'assaisonnement. Servez les maquereaux sur un lit de salade avec leur sauce et du *milho cozido* (voir *Carne em vinha-d'alhos com milho frito*, page 92, deuxième étape). Pour préparer le *milho*, comptez environ une heure en plus des temps de préparation indiqués ci-dessus.

CAVALAS RECHEADAS

Maquereaux farcis ☞ *Açores*

1 Videz les maquereaux, lavez-les soigneusement et épongez-les. Mettez-les dans un grand récipient avec 2 verres de vin, le *chouriço* émietté et 3 gousses d'ail épluché et écrasé. Faites-les mariner 3 heures en les retournant de temps en temps. Après quoi sortez-les de la marinade (conservez cette dernière). Entre-temps, mettez la mie de pain à tremper dans un peu de vinaigre. Cuisez les œufs durs (7 minutes après l'ébullition), laissez-les refroidir et écalez-les. Hachez finement les oignons et 2 gousses d'ail puis faites fondre ce hachis à petit feu dans une cuiller de saindoux et 2 à 3 cuillers d'huile. Ajoutez la mie de pain essorée, les olives dénoyautées et concassées, un brin de persil haché, du sel et du poivre. Laissez cuire quelques minutes en remuant.

2 Retirez la préparation du feu et versez-la dans un saladier. Unissez les œufs durs émiettés puis arrosez avec le jus du citron. Laissez refroidir puis remplissez les poissons de cette farce et cousez-les pour qu'elle ne s'échappe pas pendant la cuisson. Rangez les maquereaux farcis dans un plat à four enduit de saindoux, parsemez avec le second oignon en lamelles et le reste d'ail et de persil finement hachés. Versez par-dessus le jus de la marinade, une cuiller à café de concentré de tomate délayé dans un peu d'eau et arrosez d'un filet d'huile. Enfournez 20 minutes à 180 °C. Servez avec une salade verte.

---

4 maquereaux portion
 (ou 2 gros), 1 kg env. en tout
2 œufs
2 oignons
7 gousses d'ail
Chouriço fort (voir page 6),
 50 g
Olives noires en saumure
 (une dizaine)
Concentré de tomate
La mie d'une tranche de pain
Un citron
Persil
Vinaigre de vin rouge
Vin blanc sec
Salade verte (garniture)
Sel et poivre
Saindoux, 30 g
Huile d'olive

Portions:	4
Temps de préparation:	30'+3h
Temps de cuisson:	30'
Difficulté:	● ● ●
Goût:	● ● ●
Kcal (par portion):	698
Protéines (par portion):	40
Mat. gr. (par portion):	45
Apport nutritionnel:	● ● ●

CALDEIRADA DE ENGUIAS

Cassolette d'anguille ☛ *Beira Litoral*

Anguille moyennes, 1 kg
Lard, 100 g (en tranches fines)
6 pommes de terre moyennes
3 oignons, 2 gousses d'ail
Laurier, menthe et persil
Safran
Vinaigre de vin rouge
Gros sel et sel fin
Poivre
Huile d'olive

Portions: 6	
Temps de préparation: 20'	
Temps de cuisson: 30'	
Difficulté:	●●
Goût:	●●●
Kcal (par portion): 992	
Protéines (par portion): 40	
Mat. gr. (par portion): 73	
Apport nutritionnel:	●●●

1 Videz et étêtez les anguilles (éliminez également les nageoires) puis rincez-les et épongez-les. Coupez-les en tronçons réguliers après les avoir pelées (si elles sont grosses). Émincez les oignons en fines lamelles. Épluchez les pommes de terre et coupez-les en rondelles.
Prenez une cocotte en terre munie d'un couvercle et enduisez-la d'huile. Disposez-y en couches successives de l'oignon, des pommes de terre et des morceaux d'anguille.

2 Recommencez dans l'ordre jusqu'à épuisement des ingrédients (terminez par une couche de poisson) en arrosant chaque couche d'un filet d'huile et en la parsemant avec un peu d'ail haché, quelques morceaux de feuilles de laurier et de persil, un peu de safran, du sel et du poivre. Pour terminer, couvrez la *caldeirada* avec les tranches de lard en les faisant se chevaucher. Humectez le tout avec un verre d'eau et couvrez. Portez doucement à ébullition et laisser cuire à petit feu une demi-heure.

3 Une fois la cuisson terminée, ôtez le couvercle. Prenez les tranches de lard et pilez-les au mortier avec une cuiller à café de gros sel puis délayez avec 2 cuillers de vinaigre et 2 cuillers de jus de la *caldeirada*. Versez cette sauce – la *moira* – sur la soupe et parsemez-la de feuilles de menthe avant de servir.

Un bateau traditionnel sur le Ria de Aveiro.

FATAÇA NA TELHA

Mulet à la brique ☞ *Ribatejo*

Un mulet sauvage
   (cabot ou doré), 1,2 kg env.
Lard (en tranches pas trop
   fines), 200 g
Un gros oignon
Piment en poudre (voir page 6)
Un citron
Persil
Sel et poivre en grains
Huile d'olive

Portions:	4
Temps de préparation:	20'+1h
Temps de cuisson:	30'
Difficulté:	●
Goût:	● ● ●
Kcal (par portion):	848
Protéines (par portion):	38
Mat. gr. (par portion):	74
Apport nutritionnel:	● ● ●

Écaillez et videz le poisson, coupez ses nageoires. Rincez-le sous l'eau courante froide. Enduisez-le de sel et de poivre à l'intérieur et à l'extérieur et laissez-le reposer. Hachez l'oignon finement et pilez-le au mortier (ou mixez-le) avec un brin de persil et une bonne cuiller à café de piment en poudre. Étalez cette pâte sur le poisson (intérieur et extérieur) puis laissez-le reposer encore une petite heure. Prenez une cocotte en terre cuite munie d'un couvercle. Tapissez-la de tranches de lard (sans les faire se toucher) et posez le poisson par dessus. Recouvrez le poisson avec les tranches de lard restantes (toujours côte à côte). Mettez le couvercle et glissez une demi-heure au four à 200 °C. Après quoi, ôtez le couvercle et arrosez le poisson d'un mélange d'huile, de jus de citron et de poivre du moulin.

Autrefois, on cuisait le poisson entre deux tuiles (telhas en portugais) que l'on attachait solidement et que l'on plaçait sous les cendres chaudes d'un feu ou d'un four à bois. Aujourd'hui la chose est beaucoup plus difficile et les tuiles pratiquement introuvables; d'où le recours à un récipient spécial en terre (brique, diable ou Römertopf). Au Portugal cette recette se prépare également avec de l'alose mais on en trouve rarement en poissonnerie.

Il s'agit là d'une version fidèle, quoique simplifiée, de la recette traditionnelle. Elle permet de préparer des crustacés frais ou surgelés. Vous pouvez aussi la réaliser avec des langoustines ou des grosses crevettes.

LAGOSTA À MODA DE PENICHE

Cassolette de langouste ☛ *Estrémadure*

1 Épluchez les oignons et hachez-les finement. Lavez les tomates et coupez-les en rondelles en éliminant pépins et fibres dures. Pelez l'ail et coupez-le en lamelles. Lavez, épongez et hachez un beau bouquet de persil. Décortiquez la queue de la langouste et retirez l'intestin. Lavez-la, épongez-la et coupez-la en tranches d'environ 1 cm d'épaisseur. Prenez une cocotte en terre munie d'un couvercle. Enduisez-la d'huile et tapissez-la avec la moitié de l'oignon, de l'ail et du persil. Posez par dessus la moitié des tranches de langouste, salez, poivrez et ajoutez une pincée de piment en poudre.

2 Dressez ensuite une couche de rondelles de tomates, en les tassant bien, et, par dessus, le reste de langouste. Couvrez avec le reste d'oignon, d'ail et de persil en faisant une couche uniforme sur laquelle vous poserez les piments épépinés et une ou deux feuilles de laurier. Salez, poivrez et mettez une pincée de piment en poudre. Humectez avec un verre de vin et couvrez. Faites cuire trois quarts d'heure à petit feu. La cuisson peut aussi se faire au four: enfournez une petite heure à 150 °C puis sortez du four, rajoutez une goutte de vin et remettez 20 minutes au four. Servez avec du riz long cuit à l'eau.

Une langouste (ou un homard), 1,2 kg env. (prêt à cuire)
4 tomates mûres
2 oignons
2 gousses d'ail
2 piments rouges frais
Laurier et persil
Piment en poudre
Vin blanc sec
Riz long à l'eau (garniture)
Sel et poivre
Huile d'olive

Portions: 4	
Temps de préparation: 20'	
Temps de cuisson: 45'	
Difficulté: ●	
Goût: ●●●	
Kcal (par portion): 588	
Protéines (par portion): 50	
Mat. gr. (par portion): 14	
Apport nutritionnel: ●●	

LULAS RECHEADAS

Calamars farcis ☞ *Algarve*

Calamars assez petits,
  1 kg env.
Jambon cru maigre, 120 g
2 oignons
5 tomates mûres
2 gousses d'ail
Un œuf
Laurier et persil
Sel et poivre
Huile d'olive

Portions:	4
Temps de préparation:	25'
Temps de cuisson:	40'
Difficulté:	●●●
Goût:	●●
Kcal (par portion):	456
Protéines (par portion):	36
Mat. gr. (par portion):	30
Apport nutritionnel:	●●

Épluchez l'ail et les oignons. Lavez les tomates, coupez-les en deux et épépinez-les. Nettoyez les calamars (enlevez becs, yeux, cartilages et intestins) et rincez-les. Ensuite séparez les "sacs" des tentacules puis hachez ces derniers en même temps que le jambon, un oignon et une gousse d'ail. Incorporez l'œuf au hachis et remplissez les calamars avec cette farce avant de les fermer avec un cure-dents. Prenez l'ail et l'oignon restants et hachez-les finement. Faites-les revenir dans une cocotte avec 5 à 6 cuillers d'huile puis unissez les tomates concassées, une feuille de laurier et un brin de persil haché. Salez et poivrez. Laissez cuire à petit feu une dizaine de minutes puis ajoutez les calamars et couvrez la cocotte. Laissez sur feu doux une demi-heure en rajoutant de l'eau chaude si nécessaire. Servez chaud après avoir saupoudré les mollusques de persil haché.

PARGO NO FORNO

Pagre au four ☛ *Estrémadure*

Videz et écaillez le poisson puis rincez-le sous l'eau courante froide et épongez-le. Épluchez l'ail et l'oignon avant de les hacher menu. Lavez les tomates puis coupez-les en rondelles et épépinez-les. Prenez un plat à four, enduisez-le d'huile et tapissez-le avec la moitié de la tomate. Saupoudrez avec la moitié du hachis d'ail et d'oignon et ajoutez 4 à 5 graines de coriandre écrasées au mortier. Salez et poivrez l'intérieur et l'extérieur du poisson et déposez-le sur le lit de tomate. Recouvrez avec le reste de tomate et de hachis et ajoutez encore 4 à 5 graines de coriandre pilées. Versez un verre de vin dans le plat, sans mouiller le poisson, et enfournez 35 minutes à 180 °C. Pendant la cuisson, humectez le poisson de temps en temps avec son jus. Retirez le plat du four et dressez le poisson dans un plat de service sur un lit de rondelles de pommes de terre bouillies. Réservez au chaud. Mettez le plat où a cuit le poisson sur le feu et faites épaissir le fond de cuisson en écrasant les tomates avec une cuiller en bois.
Servez le poisson avec sa sauce après l'avoir saupoudré de persil haché.

Un pagre (une daurade
  ou un pageot), 1 kg env.
5-6 tomates mûres
Un oignon
Une gousse d'ail
Coriandre (graines)
Persil (décoration)
Pommes de terre bouillies
  (pour servir)
Vin blanc sec
Sel et poivre
Huile d'olive

Portions: 4	
Temps de préparation: 20′	
Temps de cuisson: 40′	
Difficulté: ● ●	
Goût: ● ●	
Kcal (par portion): 544	
Protéines (par portion): 44	
Mat. gr. (par portion): 19	
Apport nutritionnel: ● ●	

POLVO GUISADO

Poulpes à l'étouffée ☞ *Açores*

Poulpes assez petits,
  1,2 kg env.
2 oignons
2 gousses d'ail
Laurier et persil
Massa de pimentão
  (voir ci-contre)
Piment de la Jamaïque
  en grains (voir ci-contre)
Vin rouge
Pommes de terre persillées
  (garniture)
Sel et poivre en grains
Saindoux, 35 g

Portions:	4
Temps de préparation:	20'
Temps de cuisson:	1h environ
Difficulté:	● ●
Goût:	● ●
Kcal (par portion):	460
Protéines (par portion):	32
Mat. gr. (par portion):	12
Apport nutritionnel:	● ●

1 Nettoyez les poulpes (éliminez becs, yeux et intestins), lavez-les sous l'eau courante froide et épongez-les avant de les découper en assez petits morceaux. Faites fondre le saindoux (sans le brûler) dans une cocotte en terre munie d'un couvercle, puis mettez-y à revenir les oignons que vous aurez hachés en même temps que l'ail. Quand l'oignon est translucide, ajoutez le poulpe et couvrez. Faites cuire à tout petit feu le temps que le poulpe "rende son eau".

2 À l'aide d'une louche, prenez le jus qui s'accumule dans la cocotte et réservez-le. Laissez cuire les morceaux de poulpe jusqu'à ce qu'ils aient rendu tout leur jus et qu'ils se soient presque desséchés.

3 Remettez alors un peu de jus de cuisson dans la cocotte. Ajoutez 4 à 5 grains de poivre, une pincée de sel, 7 à 8 grains de piments de la Jamaïque, une bonne cuiller à café de *massa de pimentão* et une feuille de laurier. Une fois que le poulpe aura "bu" son liquide, rajoutez-en et couvrez. Répétez cette opération jusqu'à épuisement du jus de cuisson, sans oublier de remettre le couvercle à chaque fois.

4 Poursuivez la cuisson en humectant maintenant le poulpe avec du vin (2 bons verres en tout). Procédez graduellement comme ci-dessus, en attendant que le poulpe l'absorbe lentement et en remettant le couvercle à chaque fois. Après quoi, découvrez la cocotte et laissez la sauce épaissir. Servez le poulpe dans sa belle sauce avec des pommes de terre persillées.

*La massa de pimentão est une pâte de piments des Açores.
Des piments rouges triangulaires plus ou moins forts qui sont
ouverts, équeutés et épépinées avant d'être pilés au mortier avec
du gros sel. On peut la remplacer par de la pâte de piment du
commerce. Le piment ou poivre de la Jamaïque est une baie séchée
provenant d'une plante de la famille des Myrtacées originaire
d'Amérique centrale. Sa saveur bien marquée rappelle
la cannelle, le clou de girofle et la noix muscade.*

RAIA COM MOLHO DE PITAU

Raie en sauce ☞ *Beira Litoral*

Filets de raie, 700 g
6 pommes de terre moyennes
2 gousses d'ail
Un anchois salé
Laurier
Piment en poudre (voir page 6)
Vinaigre
Sel et poivre
Huile d'olive

Portions: 4	
Temps de préparation: 15'+1h	
Temps de cuisson: 30'	
Difficulté: ●	
Goût: ● ● ●	
Kcal (par portion): 550	
Protéines (par portion): 46	
Mat. gr. (par portion): 31	
Apport nutritionnel: ● ●	

Salez modérément les filets de raies et mettez-les à reposer à plat une petite heure dans un plat. Entre-temps, faites cuire les pommes de terre à l'eau salée puis épluchez-les et réservez-les au chaud. Prenez les filets de poisson et pochez-les 10 minutes à l'eau bouillante non salée. Laissez-les refroidir dans leur eau.

Préparez la sauce: faites chauffer un demi-verre d'huile dans une casserole et mettez-y à revenir, sur petit feu, l'ail pressé, une feuille de laurier, une cuiller à café de piment et une pincée de poivre. Ajoutez l'anchois, que vous aurez rincé et fileté, et une goutte de vinaigre. Laissez l'anchois s'émietter dans l'huile.

Découpez en lanières de même longueur les pommes de terre et les filets de poisson et dressez-les dans un plat de service en les alternant. Nappez le tout de sauce avant de servir.

Dans la recette traditionnelle on utilise du foie de raie à la place de l'anchois mais, étant donné qu'il n'est pas toujours facile de s'en procurer, nous avons préféré adapter la recette.

SARDINHAS ASSADAS

Sardines grillées ☞ *Estrêmadure*

Videz les sardines, lavez-les plusieurs fois sous l'eau courante froide puis rangez-les à plat côte à côte. Saupoudrez-les de gros sel (une poignée) et laissez-les reposer une heure. Après quoi débarrassez-les du sel en les frottant avec un linge. Si vous le désirez, vous pouvez alors les badigeonner légèrement d'huile d'olive (mais, à notre avis, elles n'en n'ont pas besoin). Faites-les griller au barbecue sur des braises brûlantes (mais éteintes) ou bien au four (5 minutes de chaque côté). Servez immédiatement avec une salade composée (laitue, poivron, concombre, tomate, etc.).

Sardines très fraîches, 24 ou 32 (selon leur taille)
Salade composée (garniture)
Gros sel marin
Huile d'olive (facultatif)

Portions: 4	
Temps de préparation: 15'+1h	
Temps de cuisson: 10'	
Difficulté: ●	
Goût: ● ● ●	
Kcal (par portion): 316	
Protéines (par portion): 30	
Mat. gr. (par portion): 20	
Apport nutritionnel: ● ●	

TRUTA À MODA DE BARROSO

Truite au lard ☛ *Haut Douro*

4 truites portion (arc-en-ciel
   ou fario), 1 kg en tout
Jambon fumé maigre, 60 g
   (en tranches fines)
Lard, 100 g
   (ou 50 g de saindoux)
Laitue ou salade frisée
   (pour servir)
Sel et poivre

Portions: 4	
Temps de préparation: 30'	
Temps de cuisson: 30'	
Difficulté: ●●	
Goût: ●●	
Kcal (par portion): 655	
Protéines (par portion): 51	
Mat. gr. (par portion): 48	
Apport nutritionnel: ●●●	

Écaillez et videz les poissons puis lavez-les sous l'eau courante froide et épongez-les. Placez à l'intérieur de chaque quelques morceaux de jambon roulé et une pincée de sel et de poivre.
Débitez le lard en dés et mettez-le à fondre à petit feu dans une sauteuse (vous pouvez le remplacer par du saindoux). Faites-y cuire les truites, une par une si nécessaire, en les retournant le moment venu et en veillant à ce que le lard ne brûle pas. Servez les poissons avec une salade verte sur laquelle vous aurez versé le lard liquéfié.

TRUTAS ABAFADAS

Truites marinées ☞ *Beira Alta*

4 truites portion
   (arc-en-ciel ou fario),
   1 kg en tout
3 gousses d'ail
Laurier et persil
Noix muscade
Vinaigre de vin blanc
Pommes de terre persillées
   (garniture)
Sel et poivre
Huile d'olive

Portions: 4	
Temps de préparation: 20'	
Temps de cuisson: 20' env.	
Difficulté: ● ●	
Goût: ● ●	
Kcal (par portion): 570	
Protéines (par portion): 52	
Mat. gr. (par portion): 26	
Apport nutritionnel: ●	

Écaillez et videz les truites (coupez les nageoires), puis lavez-les soigneusement à l'intérieur et à l'extérieur. Mettez l'ail pelé et coupé en lamelles à revenir dans une grande sauteuse contenant 4 cuillers d'huile et une feuille de laurier. Quand l'ail commence à blondir ajoutez 2 verres de vinaigre, un brin de persil haché et une pincée de sel, de poivre et de muscade. Portez à ébullition et plongez-y aussitôt les truites. Faites-les cuire en les retournant au bout de 7 à 8 minutes. Après quoi, transvasez les poissons et la sauce dans une grande terrine et laissez refroidir. Vous les présenterez froides (elles seront meilleures le lendemain) sur un lit de salade, avec des pommes de terre persillées.

BACALHAU À ASSIS

Morue aux légumes ☞ *Beira Baixa*

Morue dessalée, 700 g
3 œufs
Jambon cru maigre, 100 g
  (en un seul morceau)
4 pommes de terre moyennes
3 carottes
Un oignon
Un poivron
Persil
Huile d'olive

Portions: 4	
Temps de préparation: 25'	
Temps de cuisson: 25'	
Difficulté: ● ●	
Goût: ● ● ●	
Kcal (par portion): 603	
Protéines (par portion): 51	
Mat. gr. (par portion): 27	
Apport nutritionnel: ● ● ●	

Rincez et dépouillez la morue. Lavez le poivron, coupez-le en deux, éliminez pédoncule, pépins et cloisons puis débitez-le en dés. Épluchez les pommes de terre et les carottes, cuisez-les 10 minutes à l'eau bouillante peu salée puis égouttez-les et découpez-les en julienne (petits bâtonnets). Épluchez l'oignon, émincez-le en lamelles et faites-le revenir dans 3 à 4 cuillers d'huile en même temps que le poivron et le jambon coupé en dés. Attendez quelques minutes puis ajoutez la morue émiettée et faites-la cuire. Juste avant la fin de la cuisson, ajoutez la julienne de carottes et de pommes de terre, mélangez délicatement et retirez du feu. Incorporez alors les œufs battus et un brin de persil finement haché. Mélangez à nouveau très délicatement pour bien lier le tout et servez chaud. Inutile de saler, compte tenu du mariage jambon-morue.

BACALHAU À BRÁS

Morue aux pommes de terre et à l'oignon ☞ *Estrêmadure*

1 Rincez la morue sous l'eau courante froide, enlevez la peau et les arêtes, puis effeuillez-la dans le sens de la chair. Épluchez les pommes de terre, lavez-les et débitez-les en bâtonnets ou en allumettes avec un ustensile adéquat. Faites-les dorer (sans les brûler) dans un bain de friture brûlant puis sortez-les et déposez-les sur du papier absorbant.

2 Épluchez l'oignon, coupez-le en lamelles et faites-le revenir, en même temps que l'ail pelé et haché, dans une cocotte (en terre si possible) avec 4 ou 5 cuillers d'huile d'olive. Unissez ensuite la morue et laissez-la cuire à petit feu en remuant délicatement. Ajoutez les pommes de terre, les œufs battus et une pincée de sel et de poivre. Poursuivez la cuisson sur petit feu en remuant délicatement jusqu'à ce que la morue soit crémeuse. Le moment venu, transvasez le tout dans un plat de service, saupoudrez de persil haché et servez avec des olives.

Morue dessalée, 700 g
4 œufs
4 pommes de terre
Un oignon
Une gousse d'ail
Persil
Olives noires (garniture)
Sel et poivre
Huile d'olive
Bain de friture

Portions: 4	
Temps de préparation: 20'	
Temps de cuisson: 25'	
Difficulté: ● ●	
Goût: ● ● ●	
Kcal (par portion): 730	
Protéines (par portion): 52	
Mat. gr. (par portion): 41	
Apport nutritionnel: ● ● ●	

BACALHAU À GOMES DE SÁ

Morue au lait avec des pommes de terre ☛ *Douro*

Morue dessalée, 800 g
5 pommes de terre moyennes
2 œufs
Un oignon
Une gousse d'ail
Olives noires en saumure,
    dénoyautées (2 douzaines)
Lait, un demi-litre
Sel et poivre
Huile d'olive

Portions:	4
Temps de préparation:	20'+2h 20'
Temps de cuisson:	40'
Difficulté:	●●
Goût:	●●●
Kcal (par portion):	499
Protéines (par portion):	54
Mat. gr. (par portion):	25
Apport nutritionnel:	●●

1 Rincez la morue sous l'eau courante froide et épongez-la avant de la mettre dans un grande marmite (ou dans un plat muni d'un couvercle). Couvrez d'eau bouillante, mettez le couvercle et laissez reposer 20 minutes.

2 Égouttez la morue, débarrassez-la de la peau et des arêtes et découpez-la en morceaux réguliers. Remettez les morceaux dans la marmite, après avoir vidé l'eau, et ajoutez le lait bouillant. Couvrez et laissez reposer 2 heures. Entre-temps, lavez les pommes de terre et mettez-les à cuire à l'eau. Quand elles ont refroidi, épluchez-les et réservez-les. Faites cuire les œufs durs (7 minutes après ébullition) puis écalez-les et réservez-les.

3 Épluchez l'ail et l'oignon, émincez-les en lamelles et mettez-les à revenir dans une grande sauteuse avec un demi-verre d'huile, à petit feu. Ajoutez les pommes de terre en rondelles et la morue bien égouttée. Salez (la morue a perdu de son sel dans le lait) et poivrez. Réchauffez à tout petit feu en remuant délicatement mais sans porter à ébullition, pour bien amalgamer.

4 Disposez les pommes de terre et la morue en couches dans un plat à four. Arrosez avec leur huile et enfournez 10 minutes à 220 °C. Saupoudrez de persil haché et décorez avec des rondelles d'œuf dur et des olives noires avant de servir.

BACALHAU À LAGAREIRO

Morue marinée au four ☛ *Douro et Minho*

Morue dessalée, 800 g
4 gousses d'ail
2 œufs
Un citron
Chapelure, 40 g
Lait, un demi-litre environ
Salade verte (garniture)
Sel et poivre
Huile d'olive

Portions: 4	
Temps de préparation: 20'+2h	
Temps de cuisson: 25'	
Difficulté: ● ●	
Goût: ● ● ●	
Kcal (par portion): 479	
Protéines (par portion): 54	
Mat. gr. (par portion): 21	
Apport nutritionnel: ● ●	

1 Rincez la morue sous l'eau courante froide, dépouillez-la et découpez-la en petits morceaux que vous mettrez dans un saladier. Couvrez de lait et unissez l'ail pelé et émincé en lamelles, une pincée de sel et de poivre et le jus du citron. Laissez mariner 2 heures. Après quoi, sortez la morue de la marinade (que vous conserverez) et égouttez-la.

2 Plongez les morceaux de morue dans l'œuf battu et laissez-les tremper quelques minutes en les retournant. Passez-les ensuite dans la chapelure avant de les ranger côte à côte dans un plat à four contenant 6 cuillers d'huile et 3 à 4 cuillers de marinade. Enfournez 25 minutes à 180 °C. Rajoutez du jus de la marinade pendant la cuisson si nécessaire pour éviter que la morue se dessèche. Servez avec une salade verte ou des pommes de terre persillées.

BACALHAU ASSADO COM BATATAS A MURRO

Morue grillée et pommes de terre au four ☞ *Beira Alta*

Commencez par bien rincer la morue sous l'eau courante froide puis épongez-la et enlevez les arêtes et la peau. Coupez-la en morceaux et faites-la griller au barbecue, sur des braises chaudes mais éteintes, ou bien au four (4 minutes de chaque côté). Prenez une cocotte, en terre ou en cuivre si possible, et mettez-y un verre d'huile, les gousses d'ail pelées et écrasées et une pincée de poivre. Faites chauffer sur petit feu sans porter à ébullition puis retirez du feu. Versez cette huile dans un saladier et plongez-y les morceaux de morue. Laissez-les reposer une vingtaine de minutes avant de servir avec les pommes de terre que vous aurez préparées comme suit. Lavez-les soigneusement et, sans les éplucher, roulez-les dans un bol de gros sel. Rangez-les dans un plat à four et enfournez 20 minutes à 180 °C. À mi-cuisson, sortez-les du four et écrasez-les à la main (sans vous brûler!) pour les ouvrir en deux, sans les émietter, puis remettez-les au four après les avoir saupoudrées de gros sel.

Morue dessalée, 800 g
12 petites pommes de terre
4-5 gousses d'ail
Gros sel et poivre
Huile d'olive

Portions: 4	
Temps de préparation: 20'+20'	
Temps de cuisson: 20'	
Difficulté: ● ●	
Goût: ● ● ●	
Kcal (par portion): 510	
Protéines (par portion): 50	
Mat. gr. (par portion): 13	
Apport nutritionnel: ● ●	

BACALHAU ASSADO COM BROA

Morue croquante au four ☛ *Beira Litoral*

Morue dessalée, 800 g
4 tranches de *broa* écroûtées
  (voir ci-contre)
Un oignon
3 gousses d'ail
Laurier
Piment en poudre (voir page 6)
Vin blanc sec
Frites ou salade composée
  (garniture)
Poivre en grains et du moulin
Saindoux, 20 g
Huile d'olive

Portions: 4	
Temps de préparation: 15'	
Temps de cuisson: 25'	
Difficulté: ●●	
Goût: ●●●	
Kcal (par portion): 573	
Protéines (par portion): 49	
Mat. gr. (par portion): 17	
Apport nutritionnel: ●●●	

1 Rincez la morue, dépouillez-la et coupez-la en filets réguliers. Mettez-la ensuite dans un plat à four généreusement enduit d'huile. Ajoutez un verre de vin, une feuille de laurier et 3 ou 4 grains de poivre. Enfournez 10 minutes à 200 °C. Entre-temps, arrosez abondamment de vin les tranches de *broa* (voir *Migas da Lousã*, page 34, première et deuxième étape) et émiettez-les dans un grand saladier. Incorporez ensuite l'oignon et l'ail finement hachés. Arrosez avec le saindoux fondu, poivrez au moulin. Mélangez soigneusement et laissez reposer quelques minutes.

2 Retirez le plat du four, nappez uniformément la morue avec la préparation à base de *broa* et remettez-les à cuire (une dizaine de minutes) jusqu'à ce qu'elle soit bien dorée et croquante. Servez avec des frites ou une salade.

BACALHAU PODRE

Morue frite avec des pommes de terre ☞ *Haut Douro*

1 Rincez la morue, dépouillez-la et coupez-la en 4 filets que vous mettrez dans une casserole. Couvrez d'eau et portez sur le feu. À ébullition, retirez la morue avec une écumoire et égouttez-la (conservez l'eau de cuisson). Battez un œuf puis ajoutez la farine et de l'eau en quantité suffisante pour obtenir une pâte fluide. Passez les filets de morue dans la pâte et faites-les dorer des deux côtés dans une poêle contenant 4 à 5 cuillers d'huile d'olive. Retirez-les avec une écumoire et déposez-les sur du papier absorbant. Dans cette même huile, faites revenir maintenant les pommes de terre épluchées que vous aurez coupées en rondelles (pas trop fines) et légèrement salées.

2 Prenez une grande cocotte allant au four et muni d'un couvercle (en terre si possible). Versez-y 2 ou 3 cuillers d'huile et 4 ou 5 cuillers d'eau de cuisson du poisson et faites-y revenir sur feu doux, à couvert, l'oignon émincé en lamelles, l'ail écrasé et une feuille de laurier. Quand l'oignon a fondu, retirez la cocotte du feu et tapissez-la d'une couche de rondelles de pommes de terre sur laquelle vous poserez les filets de morue. Couvrez avec une deuxième couche de pommes de terre et saupoudrez de persil haché. Versez alors les 4 œufs restants après les avoir longuement battus (au fouet ou au batteur) avec une pincée de sel et de poivre pour qu'ils soient bien mousseux. Mettez le couvercle et enfournez 10 à 12 minutes à 140 °C. Saupoudrez de persil haché avant de servir.

Morue dessalée, 700 g
5 œufs
8 pommes de terre moyennes
Un oignon
Une gousse d'ail
Laurier et persil
Farine, 20 g
Sel et poivre
Huile d'olive

Portions: 4	
Temps de préparation: 20'	
Temps de cuisson: 25'	
Difficulté: ● ●	
Goût: ● ● ●	
Kcal (par portion): 721	
Protéines (par portion): 58	
Mat. gr. (par portion): 25	
Apport nutritionnel: ● ● ●	

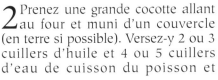

BOLA DE BACALHAU

Morue en croûte ☞ *Trás-os-Montes*

Morue dessalée, 800 g
Farine, 400 g
3 oignons
2 gousses d'ail
Levure de bière, 15 g
Saindoux, 20 g
Huile d'olive

Portions: 4	
Temps de préparation: 35'+2h	
Temps de cuisson: 35'	
Difficulté: ● ● ●	
Goût: ● ● ●	
Kcal (par portion): 716	
Protéines (par portion): 54	
Mat. gr. (par portion): 18	
Apport nutritionnel: ● ● ●	

1 Versez la farine dans un saladier, creusez-la en puits et unissez la levure délayée dans un peu d'eau tiède. Travaillez la pâte au batteur en incorporant le saindoux et de l'eau en quantité nécessaire pour obtenir une pâte épaisse et lisse. Couvrez avec un linge et laissez lever deux heures environ.

2 Entre-temps, émincez les oignons et l'ail en lamelles puis faites-les revenir (sans roussir) dans une sauteuse contenant 7 à 8 cuillers d'huile. Rincez la morue, débarrassez-la de la peau et des arêtes puis effeuillez-la. Mettez-la dans la sauteuse et faites cuire une dizaine de minutes à petit feu.

3 Reprenez la pâte, pétrissez-la brièvement puis étalez-la et divisez-la en deux morceaux: un gros (les deux tiers) et un petit. Abaissez les deux morceaux de pâte et, avec le plus grand, foncez un plat à four assez profond après l'avoir enduit d'huile.

4 Mettez la morue et sa sauce dans le plat, lissez bien et recouvrez avec la deuxième abaisse. Soudez bien les bords. Avec les chutes de pâte, faites une décoration sur le dessus puis badigeonnez d'œuf battu. Enfournez une vingtaine de minutes à 200 °C.

PASTÉIS DE BACALHAU

Croquettes de morue et pommes de terre ☞ *Minho*

Morue dessalée, 400 g
5 pommes de terre moyennes
4 œufs
Un oignon
Persil
Noix muscade
Vin blanc sec
2-3 citrons et salade
　(décoration)
Sel et poivre
Bain de friture

Portions: 4	
Temps de préparation: 25'	
Temps de cuisson: 40'	
Difficulté: ● ● ●	
Goût: ● ●	
Kcal (par portion): 695	
Protéines (par portion): 38	
Mat. gr. (par portion): 36	
Apport nutritionnel: ● ● ●	

Rincez la morue et débarrassez-la de la peau et des arêtes. Après quoi, coupez-la en filets que vous mettrez dans une casserole. Couvrez d'eau froide et portez à ébullition. Sortez aussitôt les filets, égouttez-les et émiettez-les finement. Lavez les pommes de terre, faites-les cuire à l'eau, épluchez-les encore chaudes et réduisez-les en purée (au moulin ou au mixeur). Transvasez la purée dans un saladier et incorporez la morue, l'oignon et un brin de persil hachés, une pincée de muscade, du sel (très peu) et du poivre. Unissez un demi-verre de vin et les œufs que vous aurez battus longuement mais délicatement. Amalgamez le tout (à la main ou au mixeur) de manière à obtenir une préparation épaisse et lisse. Façonnez alors des croquettes en forme de quenelles que vous ferez frire dans l'huile bouillante. Parsemez de brins de persil et servez sur un lit de salade avec des quartiers de citron.

VIANDES ET VOLAILLES

C'est tout un éventail de saveurs
et de parfums qui vous attend dans ce
chapitre. À côté de plats tout simples et vite
faits, mais néanmoins délicieux, nous vous y
présentons des recettes plus sophistiquées qui
sont parfois de véritables "monuments" de la
gastronomie portugaise. Tantôt rustiques
tantôt raffinés, ce sont les plats des grandes
occasions – mais, vous le comprendrez très
vite, beaucoup mois compliqués qu'il n'y
paraît. Comme le cozido, les rojões com
belouras ou le gargantuesque peru recheado.
Les viandes s'accompagnent souvent
de légumes et parfois de croquettes, mais ne
dédaignent pas les fruits de mer. C'est le cas
d'une spécialité aussi originale qu'exquise:
le lombo de porco com amêijoas.

4

Bifes de Cebolada

Bœuf aux oignons ☞ *Estrémadure*

4 tranches de culotte
   (ou 4 entrecôtes) de bœuf
   ou de veau, 600 g en tout
3 oignons
2-3 tomates mûres
2 gousses d'ail
Laurier et persil
Frites (garniture)
Sel et poivre
Huile d'olive

Portions: 4	
Temps de préparation: 15'	
Temps de cuisson: 30'	
Difficulté: ●	
Goût: ● ●	
Kcal (par portion): 363	
Protéines (par portion): 35	
Mat. gr. (par portion): 12	
Apport nutritionnel: ●	

Lavez les tomates, découpez-les en rondelles et épépinez-les. Émincez l'oignon en lamelles et tapissez-en le fond d'une cocotte en terre que vous aurez huilée. Disposez ensuite une couche de viande et une de tomate avec ail émincé en lamelles et persil haché. Répétez les couches sans oublier, chaque fois, de saler, de poivrer et de parsemer de morceaux de feuille de laurier. Couvrez et portez sur feu doux. Laissez cuire une petit heure. Si la sauce est trop liquide, retirez le couvercle 5 minutes avant la fin de la cuisson et faites-la réduire. Servez la viande et sa sauce avec des frites.

VITELA ASSADA

Veau au gros sel ☛ *Beira Alta*

Rôti de veau
  (dans le quasi), 800 g
Salade composée et petits
  oignons nouveaux (garniture)
Gros sel

Portions: 4	
Temps de préparation: 10'	
Temps de cuisson: 40' env.	
Difficulté: ●	
Goût: ● ●	
Kcal (par portion): 179	
Protéines (par portion): 40	
Mat. gr. (par portion): 2	
Apport nutritionnel: ●	

Voici une autre recette aussi simple que goûteuse. Ficelez la viande si nécessaire (presque toujours) pour qu'elle soit bien serrée et garde sa forme, mouillez-la légèrement et mettez-la dans un plat que vous aurez rempli de gros sel. Roulez la viande dans le gros sel de façon à ce qu'elle s'en recouvre uniformément. Après quoi, enfilez-la sur une broche et faites-la cuire sur les braises, au tournebroche, dans une cheminée – comme le veut la recette traditionnelle qui conseille également de prévoir un lèchefrite pour récupérer son jus. Faute de pouvoir la cuire à l'ancienne, vous pouvez rôtir la viande dans votre four, soit tournebroche électrique (40 minutes à 180 °C) soit au four (200 °C) dans une cocotte en terre munie d'un couvercle, genre brique à poulet. Une fois cuite, déficelez la viande et débrochez-la. Débarrassez-la complètement de son sel et servez-la avec une salade et des petits oignons nouveaux.

CABRITO ASSADO

Selle de chevreau au four ☞ *Ribatejo*

Selle de chevreau, 1,4 kg env.
Chouriço de carne, 100 g
   (voir page 6)
Lard, 80 g
   (en un seul morceau)
Un oignon
2 gousses d'ail
Un piment rouge sec
Piment doux en poudre
   (voir page 6)
Persil
Vin blanc sec
Pommes de terre nouvelles,
   500 g (garniture)
Sel
Huile d'olive

Portions: 4	
Temps de préparation: 20'+6h	
Temps de cuisson: 1h 10'	
Difficulté: ●●	
Goût: ●●●	
Kcal (par portion): 763	
Protéines (par portion): 49	
Mat. gr. (par portion): 45	
Apport nutritionnel: ●●●	

1 Épluchez l'oignon et coupez-le en morceaux avant de le mixer avec l'ail pelé, le piment épépiné, le *chouriço*, le lard et un brin de persil. Transvasez le hachis dans un saladier puis incorporez une cuiller à café de piment en poudre et une pincée de sel. Délayez avec un demi-verre de vin et amalgamez le tout.

2 Avec cette préparation enduisez la viande, que vous aurez ficelée, de manière à bien l'enrober. Après quoi déposez-la dans un plateau, couvrez-la avec un couvercle adéquat et laissez reposer 5 à 6 heures.

3 Mettez la viande dans un plat à four graissé et enfournez environ 45 minutes à 180 °C. Pendant la cuisson, arrosez la viande de son jus (ou, au besoin, avec un peu d'eau chaude).

4 Environ 25 minutes avant la fin de la cuisson, retirez le plat du four. Disposez autour de la viande les pommes de terre non épluchées, mais soigneusement lavées et épongées. Roulez-les bien dans la sauce et saupoudrez-les de sel. Remettez au four. Une fois cuite, déficelez la viande et servez-la avec les pommes de terre en robe des champs.

*La Casa dos Patudos,
à Alpiarça.*

PERNA DE BORREGO NO TACHO

Gigot d'agneau à l'ail ☞ *Algarve*

Un gigot d'agneau
  (ou de chevreau), 1 kg env.
6 pommes de terre moyennes
Une tête d'ail
Laurier et persil
Piment doux en poudre
  (voir page 6)
Un clou de girofle
Coulis de tomate
Vinaigre de vin rouge
Vin blanc sec
Tomates et concombres
  (garniture)
Sel et poivre en grains
Saindoux, 50 g

Portions:	4
Temps de préparation:	15'+4h
Temps de cuisson:	1h 15' env.
Difficulté:	●●
Goût:	●●●
Kcal (par portion):	596
Protéines (par portion):	47
Mat. gr. (par portion):	17
Apport nutritionnel:	●●

1 Pilez les gousses d'ail pelées (ou mixez-les) avec une pincée de sel. Enduisez-en la viande d'ail et mettez-la dans une cocotte munie d'un couvercle, assez creuse (en terre de préférence). Laissez reposer une heure. Après quoi arrosez de vinaigre additionné d'eau (en tout, un verre et demi) et distribuez uniformément sur la viande un brin de persil effeuillé, une feuille de laurier, une cuiller à café de piment en poudre, 4 ou 5 grains de poivre, le clou de girofle, 3 ou 4 cuillerées de tomate et le saindoux. Laissez le gigot reposer 3 heures en le retournant de temps en temps.

2 Couvrez la cocotte et mettez-la sur petit feu. Portez à ébullition et laissez frémir une petite heure. Ajoutez alors les pommes de terre épluchées et taillées en morceaux. Couvrez à nouveau et faites cuire les pommes de terre. Rectifiez l'assaisonnement. Servez le gigot avec une salade de tomate et de concombre, ce qui en fera un plat unique.

Dans la recette traditionnelle, on utilise le sang du lapin additionné de vinaigre à la place du concentré de tomate. Mais si vous n'avez pas tué vous-même le lapin, il vous sera difficile d'en trouver, même chez votre boucher. C'est pourquoi nous vous conseillons d'employer du concentré de tomate pour colorer la sauce et lui donner consistance et velouté. Mais vous pouvez vous en passer.

COELHO À CAÇADORA

Lapin chasseur ☞ *Estrêmadure*

Lavez le lapin et découpez-le en une douzaine de morceaux (sauf la tête). Lavez les tomates, équeutez-les, découpez-les en fines rondelles et épépinez-les. Épluchez les oignons et émincez-les en lamelles. Prenez une cocotte munie d'un couvercle (en terre si possible), enduisez-la de saindoux et tapissez-la d'oignon. Puis placez-y les morceaux de lapin, salés et poivrés, que vous couvrirez d'ail haché, de rondelles de tomate et de tranches de poitrine. Enfin, ajoutez une feuille de laurier émiettée et saupoudrez de persil haché. Couvrez, portez sur feu très doux et faites cuire une petite heure. Environ 5 minutes avant la fin de la cuisson, mouillez avec un verre de vin additionné de 2 ou 3 cuillerées de vinaigre (vous pouvez aussi y délayer une cuiller à café de concentré de tomate). Augmentez la flamme, portez à ébullition et laissez réduire à découvert. Éteignez et servez.

Un lapin, 1,3 kg env.
  (prêt à cuire)
2 oignons moyens
Poitrine fumée, 150 g
  (en tranches fines)
4 tomates mûres
3 gousses d'ail
Laurier et persil
Concentré de tomate en tube
  (facultatif)
Vinaigre de vin rouge
Vin rouge
Sel et poivre
Saindoux, 50 g

Portions: 4	
Temps de préparation: 15'	
Temps de cuisson: 1h env.	
Difficulté: ● ●	
Goût: ● ● ●	
Kcal (par portion): 880	
Protéines (par portion): 46	
Mat. gr. (par portion): 60	
Apport nutritionnel: ● ● ●	

COELHO DE CEBOLADA

Lapin à l'aigre-doux ☛ *Trás-os-Montes*

Un lapin, 1,3 kg env.
 (prêt à cuire)
4 oignons moyens
Bouillon de légumes
 (en cube)
Sucre
Vinaigre de vin rouge
Sel et poivre
Huile d'olive

Portions: 4	
Temps de préparation: 15'	
Temps de cuisson: 1h 20'env.	
Difficulté: ● ●	
Goût: ● ● ●	
Kcal (par portion): 507	
Protéines (par portion): 52	
Mat. gr. (par portion): 19	
Apport nutritionnel: ● ●	

1 Lavez le lapin, épongez-le et découpez-le en une douzaine de morceaux (sauf la tête). Épluchez les oignons et émincez-les en lamelles. Prenez une cocotte munie d'un couvercle et allant au four (en terre cuite de préférence). Placez-y l'oignon avec 2 à 3 cuillers d'huile, une goutte de bouillon et une pincée de sel. Couvrez et laissez revenir doucement jusqu'à ce que l'oignon soit translucide. Saupoudrez alors de sucre (2 cuillerées), augmentez le feu et faites caraméliser en remuant délicatement, une dizaine de minutes. Au besoin, mouillez avec un peu de bouillon.

2 Ajoutez alors les morceaux de lapin et mélangez de manière à les napper d'oignon. Salez et poivrez. Humectez avec 2 ou 3 cuillers de vinaigre et faites rissoler une dizaine de minutes. Mettez le couvercle et enfournez à 160 °C le temps de cuire le lapin (comptez une bonne heure).

GALINHA CEREJADA

Poule au riz ☛ *Algarve*

1 Découpez la poule en quatre morceaux (sauf la tête) et mettez-la dans un grande marmite avec la poitrine, la *linguiça* (ou le *chouriço*), un oignon coupé en morceaux et un brin de persil. Couvrez abondamment d'eau et portez à ébullition. Mettez le couvercle, baissez le feu et faites cuire à petit bouillon pendant trois quarts d'heure. Retirez la poule et la charcuterie du bouillon; égouttez bien les morceaux et réservez-les. Conservez le bouillon. Épluchez l'autre oignon, hachez-le et faites-le fondre dans une cocotte (en terre de préférence) avec 2 ou 3 cuillers d'huile, le saindoux, l'ail émincé et un brin de persil.

2 Unissez la poule, que vous aurez recoupée en une douzaine de morceaux. Faites rissoler uniformément en retournant les morceaux. Versez ensuite un verre de vin et mettez le couvercle, salez (très modérément) et poursuivez la cuisson à petit feu une trentaine de minutes. Entre-temps, cuisez le riz dans le bouillon, salez-le et égouttez-le. Dressez la poule dans un plat de service et servez-la avec le riz décoré de lanières de poitrine et de rondelles de *linguiça* ou de *chouriço*.

La linguiça est une saucisse à chair très pimentée (piment en poudre).

Une poule, 1,5 kg env.
  (prête à cuire)
Riz rond, 300 g
Poitrine, 120 g
  (en un seul morceau)
Linguiça (voir ci-contre)
  ou *chouriço de carne*, 100 g
  (voir page 6)
2 oignons
2 gousses d'ail
Persil
Vin blanc sec
Sel
Saindoux, 10 g
Huile d'olive

Portions: 6	
Temps de préparation: 15'	
Temps de cuisson: 1h 20' env.	
Difficulté: ●●	
Goût: ●●●	
Kcal (par portion): 978	
Protéines (par portion): 39	
Mat. gr. (par portion): 63	
Apport nutritionnel: ●●●	

EMPADAS DE GALINHA

Petites tourtes à la poule ☞ *Alentejo*

Une poule, 1,5 kg env.
  (prête à cuire)
Farine, 500 g
Poitrine fumée, 250 g
  (en un seul morceau)
Un *chouriço* (voir page 6)
  ou une *linguiça*
  (voir page 85)
2 œufs
Un oignon
2 gousses d'ail
Persil et marjolaine
2 clous de girofle
Vin blanc sec
Vinaigre de vin rouge
Sel et poivre en grains
Huile d'olive

Portions: 6	
Temps de préparation: 50′	
Temps de cuisson: 1h 20′	
Difficulté: ● ● ●	
Goût: ● ● ●	
Kcal (par portion): 1358	
Protéines (par portion): 60	
Mat. gr. (par portion): 76	
Apport nutritionnel: ● ● ●	

1 Pour cette recette, vous aurez besoin d'une douzaine de moules d'environ 12 cm de diamètre. Prenez une marmite et mettez-y la poule, la poitrine, le *chouriço*, l'ail et l'oignon hachés, un brin de persil et de marjolaine, les clous de girofle et une dizaine de grains de poivre. Couvrez d'eau légèrement salée additionnée de 2 bons verres de vin et de 3 ou 4 cuillers de vinaigre. Portez à ébullition, couvrez et baissez le feu sur minimum. Laissez cuire à petit bouillon le temps que la chair se décolle des os.

2 Sortez la poule et la charcuterie du bouillon puis filtrez-le et réservez-le, sans jeter la graisse qui est restée dans le chinois. Désossez soigneusement la poule puis hachez-la menu (au hachoir ou au mixeur) en même temps que la poitrine et le *chouriço*.

3 Versez la farine dans un saladier, ajoutez la graisse de la passoire, un peu de bouillon et mélangez au batteur en mouillant au fur et à mesure avec du bouillon, pour obtenir une pâte épaisse et lisse. Roulez-la en boule et laissez reposer quelques instants.

4 Étalez la pâte en une abaisse d'environ 5 mm. Découpez-la avec les moules que vous foncerez au fur et à mesure après les avoir huilés. Reprenez le reste de pâte, abaissez-la et découpez-y des disques suffisamment grands pour recouvrir les *empadas*.

5 Distribuez la farce dans les moules, lissez le dessus et humectez avec du bouillon. Recouvrez chaque moule de pâte en soudant bien les bords. Badigeonnez vos *empadas* d'œuf battu et enfournez une vingtaine de minutes à 180 °C pour les dorer. Démoulez-les chaudes et servez.

*Le village d'Estremoz
dans la plaine de l'Alentejo.*

2

3

4

5

PERU RECHEADO

Dinde aux deux farces ☛ *Alentejo*

Une dinde, 2,5 à 3 kg
  (prête à cuire)
3 citrons
Lard, 100 g
Vin blanc sec
Sel et poivre
Saindoux (ou beurre), 40 g

Pour les farces:
4 pommes de terre moyennes
Viande maigre de porc, 100 g
Viande maigre de veau, 100 g
Chouriço de carne, 50 g
  (voir page 6)
Poitrine fumée, 50 g
Un jaune d'œuf
Un oignon
Une tranche de pain
  de campagne (écroûtée)
Olives noires (une dizaine)
Zeste d'un citron
Noix muscade
Persil
Sel et poivre
Saindoux (ou beurre), 50 g

Portions: 8-10	
Temps de préparation: 35'+6h	
Temps de cuisson: 1h 40' env.	
Difficulté: ● ● ●	
Goût: ● ●	
Kcal (par portion): 854	
Protéines (par portion): 60	
Mat. gr. (par portion): 47	
Apport nutritionnel: ● ● ●	

1 Comme le veut la tradition, faites tremper la volaille au moins 6 heures dans un seau d'eau froide additionnée de quartiers de citron. Au moment de la préparer, égouttez-la et épongez-la soigneusement à l'extérieur et à l'intérieur. Mettez la tranche de pain à tremper dans l'eau. Lavez les pommes de terre, faites-les bouillir, égouttez-les et pelez-les encore chaudes avant de les réduire en purée (au moulin ou au mixeur). Ajoutez-y les olives dénoyautées et concassées, un brin de persil finement haché, une pincée de muscade, sel et poivre. Puis incorporez 30 g de saindoux ramolli (ou de beurre, si vous préférez) et le jaune d'œuf battu. Laissez en attente au chaud.

2 Hachez finement au robot le porc, le veau et la charcuterie puis transvasez le hachis dans un saladier. Incorporez-y le zeste de citron et le pain essoré. Épluchez l'oignon, hachez-le menu et mettez-le à fondre sur petit feu dans 20 g de saindoux. Ajoutez le hachis de viande, salez et poivrez.

3 Farcissez la dinde avec les deux types de farce à l'aide d'une cuiller: d'abord le hachis de viande (tassez bien et lissez) puis la purée. Une fois farcie, cousez soigneusement la volaille.

4 Hachez finement le lard et mélangez-le avec le reste de saindoux ramolli, du sel et du poivre. Enduisez généreusement la volaille avec cette pâte puis mettez-la dans un plat à four graissé au saindoux. Enfournez à 200 °C. Quand la peau de la dinde commence à brunir, sortez-la du four et arrosez-la avec un verre de vin. Remettez-la au four et terminez la cuisson en l'arrosant de temps en temps avec son jus pour qu'elle soit moelleuse.

Dans la recette traditionnelle, qui est plus compliquée et pour une dinde plus grosse, la farce à base de pommes de terre sert à garnir le gésier et l'autre, l'intérieur de la volaille. Mais de nos jours, compte tenu des techniques standard d'abattage, il est pratiquement impossible de trouver des dindes avec leur gésier. Ce qui n'est sans doute pas pour déplaire aux nouveaux consommateurs que nous sommes qui, parions-le, rechigneraient aussi à l'idée de suivre la recette à l'ancienne quand il s'agit d'incorporer la cervelle de l'animal à la purée, après l'avoir fait revenir avec un peu d'oignon.

FRANGO NA PÚCARA

Poulet à la brique ☞ *Estrémadure*

Un poulet, 1,2 kg env.
  (prêt à cuire)
Jambon fumé, 100 g
  (en petites tranches)
12 petits oignons nouveaux
  (grelots)
3 tomates mûres
Un poivron
2 gousses d'ail
Moutarde forte
Persil haché
Vin blanc sec
Eau-de-vie ou brandy
Porto tawny
Sel et poivre

Portions: 4	
Temps de préparation: 20'	
Temps de cuisson: 1h 30'	
Difficulté: ● ●	
Goût: ● ● ●	
Kcal (par portion): 743	
Protéines (par portion): 35	
Mat. gr. (par portion): 40	
Apport nutritionnel: ● ● ●	

Le poulet devra être plumé, vidé, flambé puis lavé et épongé. Coupez-le en une douzaine de morceaux. Lavez et parez les légumes comme il se doit: coupez les tomates en morceaux et le poivron en lanières. Prenez une brique à poulet ou un diable (sinon une cocotte en terre munie d'un couvercle et allant au four). Tapissez-la avec les tranches de jambon et placez-y les morceaux de poulet et tous les légumes (oignons épluchés, tomates, poivron et ail écrasé). Salez et poivrez, arrosez le tout avec un verre et demi de vin dans lequel vous aurez délayé la moutarde.

Couvrez et enfournez à 180 °C pendant une heure et quart. Sortez le poulet du four et arrosez-le avec un petit verre d'eau-de-vie (ou de brandy) et un de porto. Remettez un quart d'heure au four, sans couvercle. Saupoudrez de persil haché avant de servir.

Iscas com elas

Foie de porc poêlé aux pommes de terre ☛ *Estrêmadure*

Foie de porc, 700 g
4 gousses d'ail
Laurier et persil
Vin blanc sec
Vinaigre de vin rouge
Pommes de terre persillées
  (garniture)
Sel et poivre en grains
Saindoux, 30 g

Portions:	4
Temps de préparation:	10'+2h
Temps de cuisson:	10'env.
Difficulté:	●
Goût:	● ● ●
Kcal (par portion):	487
Protéines (par portion):	41
Mat. gr. (par portion):	15
Apport nutritionnel:	● ● ●

1 Lavez le foie et découpez-le en tranches fines rectangulaires. Mettez-les à mariner dans un verre de vin additionné d'une goutte de vinaigre avec l'ail émincé en lamelles, une feuille de laurier et 3 ou 4 grains de poivre écrasés. Retournez-les de temps en temps.

2 Au bout de 2 heures environ retirez le foie de la marinade et poêlez-les une minute de chaque côté dans le saindoux liquéfié (sans qu'il brûle). Après quoi, ajoutez le jus de la marinade, baissez le feu, rectifiez l'assaisonnement et faites cuire 5 à 6 minutes au plus (sinon il durcira). Saupoudrez de persil haché et servez avec des pommes de terre persillées.

CARNE EM VINHA-D'ALHOS COM MILHO FRITO

Sauté de porc mariné au "milho" ☞ *Madère*

Viande maigre de porc, 700 g
Un oignon
2 gousses d'ail
Coriandre (graines)
Piment en poudre (voir page 6)
Vin blanc sec
Sel et poivre
Huile d'olive

Pour le milho*:*
Farine de maïs, 500 g
Saindoux, 10 g
Sel

Portions:	4
Temps de préparation:	20'+5h
Temps de cuisson:	1h 30'
Difficulté:	● ● ●
Goût:	● ● ●
Kcal (par portion):	1040
Protéines (par portion):	46
Mat. gr. (par portion):	50
Apport nutritionnel:	● ● ●

1 Découpez la viande en petits morceaux et mettez-les à mariner dans 2 verres de vin avec l'ail pelé et écrasé, une dizaine de graines de coriandre pilées au mortier et une pincée de sel et de poivre. Couvrez le récipient et laissez reposer 4 à 5 heures en retournant la viande de temps en temps.

2 Préparez le *milho*: versez la farine de maïs dans un saladier et arrosez-la d'eau froide, sans la délayer. Prenez une marmite, en cuivre si possible, et versez-y un litre et demi d'eau froide. Portez sur le feu, faites-y fondre le saindoux et ajoutez une pincée de sel. À ébullition, versez la farine en pluie et faites-la cuire à feu vif en remuant sans arrêt avec une cuiller en bois. Vous ne devez pas vous arrêter de tourner, même quand la farine aura absorbé tout le liquide et qu'elle deviendra de plus en plus épaisse et dure. Au besoin, rajoutez une goutte d'eau chaude si votre *milho* commence à se dessécher ou à brunir. Au bout de trois quarts d'heure environ, quand le *milho* est cuit, versez-le sur une plan lisse (un marbre si possible). Étalez-le sur une épaisseur de 2 cm environ et laissez-le refroidir.

3 Sortez la viande de la marinade et égouttez-la bien. Conservez le jus. Prenez une cocotte munie d'un couvercle, en terre de préférence. Mettez-y la viande à revenir dans 2 ou 3 cuillers d'huile. Quand les morceaux sont dorés, sortez-les.

4 Rajoutez 2 ou 3 cuillers d'huile dans la cocotte et faites-y revenir l'oignon émincé en lamelles. Dès qu'il commence à blondir, unissez une cuiller à café de piment en poudre et mélangez. Après quoi, remettez la viande dans la cocotte.

5 Versez-y maintenant le jus de la marinade et portez à ébullition. Rectifiez l'assaisonnement, couvrez et faites cuire une vingtaine de minutes à petit bouillon. Après quoi, ôtez le couvercle et laissez réduire (la viande devrait être moelleuse à point). Éteignez et laissez en attente au chaud.

6 Coupez le *milho* en petits rectangles de 5 cm de long et dorez-les à la poêle dans 3 ou 4 cuillers d'huile. Au fur et à mesure qu'ils sont cuits, déposez-les sur du papier absorbant et salez-les légèrement. Dressez-les dans un plat de service et présentez avec le porc.

COZIDO À PORTUGUESA

Pot-au-feu à la portugaise ☛ *Trás-os-Montes*

Riz rond, 500 g
Une demi-poule, 750 g env.
   (prête à cuire)
Côtelettes de porc, 500 g
Une demi-tête de porc
   (avec oreille et groin)
Un *chouriço*, un *chouriço
   de sangue* et un *salpicão*
   (voir page 6)
Deux os de jarret de bœuf
   ou de veau (si possible avec
   la moelle; voir ci-contre)
Un oignon
2 gousses d'ail
Un chou frisé
3-4 navets
5-6 pommes de terre
5 carottes
8 *rabas* (voir ci-contre)
Sel et poivre
Huile d'olive

Portions: 8-10	
Temps de préparation: 30'	
Temps de cuisson: 3h 30' env.	
Difficulté: ●●●	
Goût: ●●	
Kcal (par portion): 1178	
Protéines (par portion): 67	
Mat. gr. (par portion): 55	
Apport nutritionnel: ●●●	

Piquez le *chouriço* et le *chouriço de sangue* avec un cure-dents avant de les immerger dans une marmite d'eau froide non salée (un litre et demi). Portez à ébullition, faites-les cuire puis égouttez-les. Transvasez leur eau de cuisson dans une autre marmite et ajoutez-y environ un litre et demi d'eau froide et une pincée de sel. Plongez-y les os, bien lavés, et portez à ébullition. Couvrez et cuisez à petit bouillon sur feu doux. Au bout d'une heure environ ajoutez les côtelettes, la poule, la tête et le *salpicão*. Au fur et à mesure qu'elles sont cuites, retirez les viandes du bouillon et mettez-les en attente au chaud dans deux louches de bouillon. Laissez le reste de bouillon dans la marmite et mettez-y maintenant les légumes (sauf l'ail et l'oignon) bien lavés. Sortez-les une fois cuits, mais croquants, et réservez le bouillon au chaud. Préchauffez votre four à 100 °C. Prenez une cocotte allant au four, en terre de préférence. Versez-y 3-4 cuillers d'huile et faites-y revenir l'oignon haché et l'ail écrasé. Dès que l'ail commence à blondir, retirez-le. Unissez le riz et dorez-le à feu vif en remuant sans arrêt jusqu'à ce qu'il soit translucide. Ajoutez du bouillon et de l'eau chaude au besoin (le volume du liquide doit être le double de celui du riz). Rectifiez l'assaisonnement et portez à ébullition. Retirez la cocotte du feu et glissez-la au four le temps que le riz absorbe tout le liquide. Enfin, réchauffez les viandes dans le reste de bouillon réservé puis découpez-les. Dressez-les dans un plat de service avec les légumes, sauf les carottes que vous découperez en rondelles et que vous poserez sur le riz ainsi que la charcuterie.

Rappelons que, contrairement à la moelle épinière, la consommation de moelle osseuse de bovin adulte ne pose pas de problème. Cependant, étant donné la désaffection d'une clientèle inquiète, les os de jarret de bœuf sont difficiles à trouver. Pour donner au bouillon sa consistance gélatineuse vous pouvez utiliser un os de genou pour pot-au-feu ou bien un os de porc. Cultivé dans le Trás-os-Montes, le raba est une rave charnue qui ressemble à une grosse carotte. Sa chair est jaune blanchâtre et son goût, à mi-chemin entre la carotte et le navet. Faute d'en trouver, vous pouvez le remplacer par du céleri-rave, du daikon ou du rutabaga.

LOMBO DE PORCO COM AMÊIJOAS

Sauté de porc aux palourdes ☞ *Alentejo*

Lavez et parez les légumes. Découpez la viande et mettez-la à mariner dans 2 verres de vin avec 2 gousses d'ail écrasé, une feuille de laurier, un brin de thym, une cuiller à café de piment en poudre et une pincée de sel et de poivre. Couvrez le récipient et laissez reposer 6 heures. Le moment venu, égouttez la viande (conservez la marinade) et faites-la revenir dans une cocotte avec 2 ou 3 cuillers d'huile puis sortez-la et réservez. Dans cette même huile, faites fondre un oignon haché et une gousse d'ail, la carotte en rondelles, le poivron en lanières et le *piri-piri* épépiné. Au bout de 7 à 8 minutes, remettez la viande dans la cocotte et versez le jus de la marinade par-dessus. Portez à ébullition, salez et couvrez. Laissez cuire à petit bouillon une vingtaine de minutes. Versez 2 ou 3 cuillers d'huile dans une sauteuse, portez sur petit feu et faites fondre le reste d'oignon et d'ail hachés. Unissez les tomates concassées, laissez cuire à feu doux 10 minutes puis ajoutez les palourdes, couvrez et faites-les ouvrir. Dressez la viande et les légumes dans un plat de service et, tout autour, disposez les palourdes bien égouttées. Versez le jus de cuisson des coquillages dans le jus de la viande, amalgamez et portez à ébullition. Retirez la sauce du feu et nappez-en le plat. Décorez avec de la coriandre effeuillée et des rondelles de citron.

Longe de porc désossée, 700 g
Palourdes, 500 g
  (prêtes à cuire)
Un oignon et demi
5 gousses d'ail
Une carotte
Un poivron
4 tomates mûres
Thym, laurier
  et coriandre fraîche
Un *piri-piri* (voir page 6)
Piment en poudre (voir page 6)
Un citron (décoration)
Vin blanc sec
Sel et poivre
Huile d'olive

Portions: 4	
Temps de préparation: 25′+6h	
Temps de cuisson: 1h env.	
Difficulté: ●●	
Goût: ●●●	
Kcal (par portion): 473	
Protéines (par portion): 40	
Mat. gr. (par portion): 22	
Apport nutritionnel: ●●	

Ingredients

Longe de porc désossée, 600 g
Foie de porc, 150 g
12 petites pommes de terre
2 gousses d'ail
Laurier
Cumin (graines)
Une botte de jeunes pousses
   de navets (garniture)
Un citron (pour servir)
Vin blanc "Vinho verde"
Olives noires et vertes
   (garniture)
Sel et poivre
Saindoux
Huile d'olive

Pour les *belouras*:
Farine de blé, 125 g
Farine de maïs, 250 g
Farine de seigle, 125 g
Levure de bière, 20 g
Foie de porc, 60 g
Une gousse d'ail
Laurier
Persil
Cumin (graines)
Écorce d'orange
Sucre
Sel et poivre
Saindoux

Portions: 6	
Temps de préparation: 35'+2h	
Temps de cuisson: 1h 30' env.	
Difficulté: ● ● ●	
Goût: ● ●	
Kcal (par portion): 1141	
Protéines (par portion): 42	
Mat. gr. (par portion): 44	
Apport nutritionnel: ● ● ●	

ROJÕES COM BELOURAS

Ragoût de porc aux "belouras" 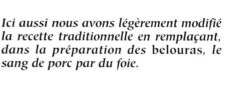 *Minho*

Avant tout, préparez les *belouras*. Pilez le foie au mortier (ou mixez-le) avec une pointe de sucre et une cuiller à café de saindoux. Mélangez les trois farines, puis incorporez la levure délayée dans un peu d'eau tiède, le foie pilé, une pincée de sel et de poivre et une demi-cuiller à café de graines de cumin écrasées. Ajoutez de l'eau en quantité suffisante pour obtenir une pâte lisse que vous laisserez reposer 2 heures après l'avoir roulée en boule. Faites bouillir les pommes de terre, égouttez-les et épluchez-les encore chaudes. Nettoyez les pousses de navets et pochez-les à l'eau bouillante salée. Réservez les deux légumes. Le moment venu, reprenez la pâte et travaillez-la brièvement. Façonnez des bâtonnets de 8 cm de long et 2 cm de diamètre (ce sera plus facile si vous humectez vos doigts). Mettez un litre et demi d'eau dans une marmite, ajoutez une pincée de sel, un brin de persil, l'ail, une feuille de laurier et un morceau d'écorce d'orange. Portez à ébullition et laissez bouillir 3 à 4 minutes avant d'y plonger les *belouras*. Sortez-les du bouillon dès qu'ils remontent à la surface. Égouttez-les et mettez-les en attente sur un linge. Découpez la viande en petits morceaux et mettez-les dans une cocotte en terre avec un verre de vin, 4-5 cuillers d'huile, l'ail écrasé, une feuille de laurier, une cuiller à café de graines de cumin et une pincée de sel. À ébullition baissez le feu et cuisez à petit bouillon le temps que le vin s'évapore. Sortez les morceaux de viande, égouttez-les et réservez-les. Reprenez la cocotte et, en rajoutant du saindoux au fur et à mesure, faites-y dorer le foie de porc découpé en lanières et légèrement salé, puis les pommes de terre et, enfin, les *belouras*, coupées en rondelles. Servez la viande, le foie et les pommes de terre avec des olives, les pousses de navets concassées, les rondelles de *belouras* et des quartiers de citron.

Ici aussi nous avons légèrement modifié la recette traditionnelle en remplaçant, dans la préparation des belouras, le sang de porc par du foie.

LÉGUMES VERTS ET LÉGUMES SECS

Au classement des spécialités culinaires portugaises, les haricots secs arrivent au deuxième rang après la morue. Rien d'étonnant donc à ce que dans ce chapitre ils jouent les vedettes, aux côtés des fèves et des pois chiches. Côté légumes verts, le choix est des plus variés avec des recettes à base de courge, d'aubergines, de pommes de terre, de petits pois et autres tomates et haricots verts. Comme vous le verrez, il s'agit le plus souvent de superbes garnitures (dont nous vous indiquons les mariages) mais parfois aussi de plats végétariens pratiquement complets.

5

LABÓBORA E BERINGELAS FRITAS

Courge et aubergines frites ☛ *Beira Baixa*

Courge à chair jaune,
  un morceau de 400 g
2 aubergines
Un œuf
Farine, 50 g
Persil (décoration)
Un citron (décoration)
Gros sel et sel fin
Bain de friture

Portions: 4-6	
Temps de préparation: 20'+4h	
Temps de cuisson: 20'	
Difficulté: ● ●	
Goût: ● ●	
Kcal (par portion): 356	
Protéines (par portion): 6	
Mat. gr. (par portion): 27	
Apport nutritionnel: ● ● ●	

Épluchez la courge et débitez-la en tranches épaisses que vous plongerez dans une casserole d'eau froide légèrement salée pendant 3 à 4 heures. Après quoi, égouttez-les et coupez-les en tranches fines. Entre-temps, pelez les aubergines et détaillez-les en tranches épaisses que vous mettrez à dégorger une petite demi-heure (disposez-les en couches dans un plateau, saupoudrez-les de gros sel et posez un poids par dessus). Après quoi rincez-les bien, égouttez-les et épongez-les avant de les couper en tranches plus fines. Battez les œufs et incorporez la farine et une peu d'eau pour faire une pâte à beignets pas trop épaisse dans laquelle vous passerez les tranches de courge et d'aubergine avant de les plonger dans une grande huile bouillante. Quand les tranches sont frites et bien dorées, sortez-les et déposez-les sur du papier absorbant. Saupoudrez-les de sel fin et décorez avec du persil effeuillé et des quartiers de citron. Servez en garniture de plats à base de morue ou de viandes rôties.

BATATAS DE CAÇOILA

Cassolette de pommes de terre ☞ *Beira Alta*

6 pommes de terre moyennes (blanches)	
4 tomates mûres	
Un oignon	
Sel et poivre	
Huile d'olive	

Portions: 4	
Temps de préparation: 15'	
Temps de cuisson: 35'	
Difficulté: ● ●	
Goût: ● ●	
Kcal (par portion): 310	
Protéines (par portion): 7	
Mat. gr. (par portion): 11	
Apport nutritionnel: ● ● ●	

Lavez les pommes de terre et mettez-les à bouillir un quart d'heure. Après quoi, épluchez-les encore chaudes et réservez-les. Hachez grossièrement l'oignon et faites-le fondre (sans colorer) dans une cocotte, en terre de préférence, avec 4 à 5 cuillers d'huile. Ajoutez les tomates lavées, coupées en deux, épépinées et concassées. Laissez cuire à petit bouillon une dizaine de minutes puis unissez les pommes de terre coupées en dés. Salez et poivrez.

Poursuivez la cuisson à petit feu le temps que les pommes de terre se défassent.

Retirez du feu et servez avec une viande ou un poisson grillé.

Petites pommes de terre, 800 g
3-4 gousses d'ail
Laurier
Piment en poudre
Sel et poivre
Huile d'olive

Portions: 6	
Temps de préparation: 15'	
Temps de cuisson: 30'	
Difficulté: ● ●	
Goût: ● ● ●	
Kcal (par portion): 311	
Protéines (par portion): 7	
Mat. gr. (par portion): 11	
Apport nutritionnel: ● ● ●	

BATATAS DE REBOLÃO

Pommes de terre rissolées ☞ *Ribatejo*

Lavez les pommes de terre et faites-les cuire 15 minutes à l'eau bouillante puis égouttez-les et épluchez-les encore chaudes. Prenez une cocotte en terre, versez-y 6 à 7 cuillers d'huile et portez sur à feu doux. Faites-y fondre l'ail pelé et haché puis ajoutez une cuiller de piment en poudre, une feuille de laurier et une pincée de sel et de poivre. Unissez les pommes de terre entières et faites-les rissoler doucement en les remuant pour qu'elles dorent de toutes parts. Rectifiez l'assaisonnement. Quand elles sont bien dorées, sortez-les et servez-les. Excellentes comme garniture de poissons ou de viandes rôties.

CHICHARROS

Haricots au vinaigre ☞ *Trás-os-Montes*

Mettez les haricots à tremper 4 à 5 heures à l'avance. Après quoi, jetez-les dans une marmite d'eau froide non salée et portez à ébullition sur petit feu. Baissez le feu sur minimum et laissez cuire à petit bouillon pendant 40 minutes. Avant d'éteindre, ajoutez une pincée de sel, attendez quelques instants puis retirez du feu. Égouttez les haricots et réservez-les au chaud (sans jeter leur eau de cuisson). Lavez et parez les pousses de navets. Nettoyez le chou, découpez-le en fines lanières puis pochez-le dans l'eau des haricots en même temps que les pousses de navets. Quand les légumes sont cuits mais encore croquants, remettez les haricots dans la marmite. Mélangez et éteignez le feu. Égouttez bien haricots et légumes et dressez-les dans plat de service. Arrosez-les d'huile et de vinaigre. C'est l'accompagnement idéal des viandes et des apprêts de morue.

Haricots secs, 300 g
Un demi chou cabus
Une botte de jeunes
   pousses de navets
Vinaigre de vin rouge
Sel
Huile d'olive

Portions: 4-6	
Temps de préparation: 10'+5h	
Temps de cuisson: 1h env.	
Difficulté: ● ●	
Goût: ● ●	
Kcal (par portion): 306	
Protéines (par portion): 15	
Mat. gr. (par portion): 11	
Apport nutritionnel: ● ●	

ERVILHAS À MODA DO ALGARVE

Petits pois aux œufs pochés 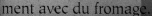 *Algarve*

Petits pois écossés, 500 g
Un oignon
4 œufs
Coriandre fraîche et persil
Sucre
Sel et poivre
Huile d'olive

Portions: 4	
Temps de préparation: 10'	
Temps de cuisson: 30'	
Difficulté: ● ● ●	
Goût: ● ●	
Kcal (par portion): 386	
Protéines (par portion): 20	
Mat. gr. (par portion): 20	
Apport nutritionnel: ● ● ●	

Prenez une cocotte en terre munie d'un couvercle et versez-y 5 cuillers d'huile. Faites-y revenir les petits pois et l'oignon épluché et coupé en morceaux, la coriandre liée en bouquet et du persil effeuillé. Laissez cuire 5 à 6 minutes à petit feu en mélangeant. Après quoi, couvrez abondamment d'eau, salez et poivrez. Mettez le couvercle et portez à ébullition. Unissez une pincée de sucre, baissez le feu sur minimum et cuisez à petit bouillon pendant 25 minutes environ. 3 à 4 minutes avant la fin de la cuisson, cassez les œufs sur les petits pois et faites-les pocher (en vous aidant de deux cuillers pour maintenir le blanc autour du jaune). Retirez du feu et égouttez les petits pois. Éliminez la coriandre avant de servir (prévoyez sel et poivre sur la table).

C'est un excellent plat d'accompagnement pour les poissons mais il peut se suffire à lui-même dans un menu végétarien, éventuellement avec du fromage.

FAVAS À ALGARVIA

Fèves à la charcuterie ☞ *Algarve*

Fèves fraîches écossées, 400 g
Morcela, 100 g (voir page 6)
Lard, 80 g
   (en un seul morceau)
Menthe et persil
Sel

Portions: 4	
Temps de préparation: 10'	
Temps de cuisson: 40'	
Difficulté: ● ●	
Goût: ● ●	
Kcal (par portion): 315	
Protéines (par portion): 13	
Mat. gr. (par portion): 26	
Apport nutritionnel: ● ● ●	

Plongez les fèves dans une casserole d'eau bouillante peu salée avec un brin de menthe et de persil. Faites-les cuire à couvert une trentaine de minutes (elles doivent rester croquantes) puis égouttez-les. Entre-temps, coupez la *morcela* en rondelles et le lard en petits cubes puis jetez-les dans une cocotte en terre munie d'un couvercle contenant un voile d'eau. Faites-les rissoler une dizaine de minutes à feu doux et à couvert. Transvasez les fèves dans une soupière, arrosez-les avec la graisse chaude de la charcuterie et mélangez. Garnissez-les avec les rondelles de *morcela* et les lardons. C'est une garniture riche pour des apprêts de poisson et de viande blanche. Mais, "renforcé" avec une salade verte, c'est également un délicieux plat unique.

ESPARREGADO DE FEIJÃO VERDE

Haricots verts fricassés ☛ *Beira Alta*

Effilez les haricots et lavez-les avant de les ébouillanter 20 minutes dans une casserole d'eau peu salée. Égouttez-les puis coupez-les en morceaux de 3 à 4 cm de long. Mettez l'ail à revenir dans 5 à 6 cuillers d'huile puis retirez-le dès qu'il se colore. Versez les haricots dans la poêle, saupoudrez-les de farine en pluie, rectifiez l'assaisonnement et faites-les dorer à feu vif en remuant. Mouillez avec une goutte de vinaigre et laissez-le s'évaporer, en remuant sans arrêt. Parsemez de persil effeuillé avant de servir. Excellents avec une viande.

Haricots verts, 500 g
Une gousse d'ail
Farine, 15 g
Vinaigre de vin rouge
Persil (décoration)
Sel
Huile d'olive

Portions: 4	
Temps de préparation: 15'	
Temps de cuisson: 30'	
Difficulté: ● ●	
Goût: ● ● ●	
Kcal (par portion): 126	
Protéines (par portion): 3	
Mat. gr. (par portion): 10	
Apport nutritionnel: ● ●	

FEIJOADA À PORTUGUESA

Haricots blancs à la charcuterie ☞ *Estrémadure*

Mettez les haricots à tremper 4 à 5 heures à l'avance. Épluchez l'oignon et l'ail. Lavez et épépinez les tomates. Le moment venu, égouttez les haricots et mettez-les dans une marmite d'eau froide. Ajoutez une cuiller à café d'huile d'olive, une pincée de sel et un demi-oignon piqué d'un clou de girofle. Couvrez et portez doucement à ébullition puis baissez le feu et laissez cuire à petit bouillon une trentaine de minutes. Après quoi égouttez les haricots (conservez leur eau) et réservez-les au chaud. Piquez le *chouriço de sangue* et la *farinheira* avec un cure-dents et mettez-les à cuire dans l'eau des haricots (rajoutez de l'eau chaude si nécessaire). Pendant que les charcuteries cuisent, hachez le reste d'oignon et faites-le fondre dans 3 à 4 cuillers d'huile. Unissez les tomates concassées et laissez cuire quelques minutes. Ajoutez le lard en dés et le *chouriço de carne*, une feuille de laurier et un brin de persil. Enfin, arrosez avec une ou deux louches d'eau des haricots. À ébullition, ajoutez les haricots, salez, poivrez et laissez mijoter. Au bout d'une quinzaine de minutes, sortez les haricots et servez-les avec les charcuteries que vous aurez coupées en rondelles.

Il s'agit, on l'aura compris, d'une garniture riche pour 6 personnes qui, pour 4, se transforme sans peine en plat unique.

Haricots blancs, 350 g
Lard, 50 g
  (en un seul morceau)
Chouriço de carne, 100 g
  (voir page 6)
Chouriço de sangue, 60 g
  (voir page 6)
Farinheira, 100 g (voir page 6)
2 tomates mûres
Un oignon
Un clou de girofle
2 gousses d'ail
Laurier et persil
Sel et poivre
Huile d'olive

Portions: 6

Temps de préparation: 20'+5h

Temps de cuisson: 1h 15'

Difficulté: ●●

Goût: ●●●

Kcal (par portion): 905

Protéines (par portion): 55

Mat. gr. (par portion): 52

Apport nutritionnel: ●●●

FEIJÃO VERDE À ALENTEJANA

Haricots verts sautés ☛ *Alentejo*

1 Lavez et parez tous les légumes comme il se doit. Épluchez les pommes de terre et effilez les haricots. Hachez finement l'oignon et l'ail et mettez-les à revenir sur petit feu dans une cocotte (en terre de préférence) avec 2 ou 3 cuillers d'huile et le saindoux.

2 Ajoutez le bouquet garni, les tomates et une goutte d'eau chaude. Laissez cuire à petit feu en écrasant les tomates avec une spatule en bois.

3 Ajoutez la carotte coupée en rondelles et laissez frémir quelques minutes. Enfin, unissez les haricots coupés en deux (en diagonale) et les pommes de terre en dés. Rajoutez un peu d'eau chaude, salez, poivrez et faites cuire, toujours à petit feu, en rajoutant de l'eau chaude au fur et à mesure que les légumes absorbent leur jus. Arrêtez quand ils sont cuits mais encore croquants.

4 Entre-temps coupez le pain en tranches fines et mettez-les dans le fond d'une soupière. Versez les légumes par dessus, après avoir retiré le bouquet garni, et laissez tremper quelques minutes avant de servir. Excellents en garniture de plats rustiques à base de charcuterie ou de viandes rouges. C'est aussi une "soupe" nourrissante que l'on peut accompagner d'un fromage.

Vue d'Évora, une des villes les plus fascinantes du Portugal.

Haricots verts, 700 g	Un bouquet garni	Portions: 6-8
4 tomates mûres	(laurier et persil)	Temps de préparation: 20'
3 pommes de terre	Sel et poivre	Temps de cuisson: 30'
Une carotte	Huile d'olive	Difficulté: ● ●
Un oignon		Goût: ● ●
Une gousse d'ail		Kcal (par portion): 406
Pain de campagne dur, 200 g		Protéines (par portion): 11
Saindoux, 10 g		Mat. gr. (par portion): 13
		Apport nutritionnel: ● ● ●

TOMATADA COM BATATAS

Ragoût de tomate et pommes de terre ☞ *Haut Douro*

8 tomates mûres
5 pommes de terre moyennes
   (blanches)
Un poivron
Un oignon
Sel
Piment de la Jamaïque
   (voir page 61)
Huile d'olive

Portions:	6
Temps de préparation:	20'
Temps de cuisson:	40' env.
Difficulté:	●●
Goût:	●●●
Kcal (par portion):	297
Protéines (par portion):	7
Mat. gr. (par portion):	11
Apport nutritionnel:	●●

1 Lavez et parez les légumes comme il se doit. Mettez l'oignon haché menu à fondre dans une cocotte (en terre si possible) avec 4 à 5 cuillers d'huile. Unissez le poivron, découpé en rondelles, et faites-le fondre à petit feu.

2 Ajoutez les tomates concassées et faites-les cuire, toujours à petit feu, en les écrasant avec une spatule en bois. Salez et unissez 7 à 8 grains de piment de la Jamaïque. Poursuivez la cuisson à feu doux et à découvert, pour faire épaissir la sauce. Entre-temps faites cuire les pommes de terre à l'eau bouillante peu salée puis pelez-les encore chaudes. Servez votre *tomatada* avec les pommes de terre en rondelles. Accord parfait avec thon, sardines, anchois et morue ou viandes blanches.

DESSERTS ET PÂTISSERIES

*C'est le cas de dire dulcis in fundo.
La palette inouïe des pâtisseries
portugaises concentre toute la richesse
de la civilisation séculaire de ce pays
extraordinaire et généreux dont
le caractère, merveilleusement incarné
dans sa dimension gastronomique,
s'épanouit pleinement dans l'art de la
pâtisserie. En contemplant, et en
dégustant, des chefs-d'œuvre comme les
fios-de-ovos, la charcada et autres
merveilles, on croit voir encore les
blanches mains des sœurs
qui les préparaient patiemment
et amoureusement lors des fêtes
solennelles ou pour les repas de la
communauté. Une tradition que l'on
retrouve dans d'autres pays latins, comme
en Sicile, et qui, heureusement, s'est
perpétuée en se conjuguant avec la
gastronomie "laïque" pour nous donner
des délices "divins" comme les broinhas
de Natal, le folar da Páscoa, la fameuse
tigelada et le très célèbre toucinho do céu.*

6

ALETRIA COM OVOS

Pâtes au lait ☞ *Douro*

Spaghettis fins ou vermicelle,
  150 g
Sucre, 180 g
4 jaunes d'œuf
Lait, un demi-litre
Zeste d'un citron
Cannelle en poudre
Beurre, 40 g

Portions: 4	
Temps de préparation: 10'	
Temps de cuisson: 20'	
Difficulté: ●●	
Kcal (par portion): 574	
Protéines (par portion): 19	
Mat. gr. (par portion): 22	
Apport nutritionnel: ●●●	

1 Plongez les pâtes 3 minutes dans l'eau bouillante – non salée bien sûr – puis égouttez-les. Versez le lait dans une casserole, ajoutez le sucre et le zeste de citron finement râpé. À ébullition, ajoutez les pâtes et poursuivez la cuisson (elles doivent rester "al dente").

2 Unissez le beurre et retirez la casserole du feu. Incorporez délicatement les jaunes battus, amalgamez bien le tout et remettez sur le feu quelques instants (juste le temps de faire épaissir). Versez les pâtes dans un plateau et décorez le dessert avec de la cannelle en poudre.

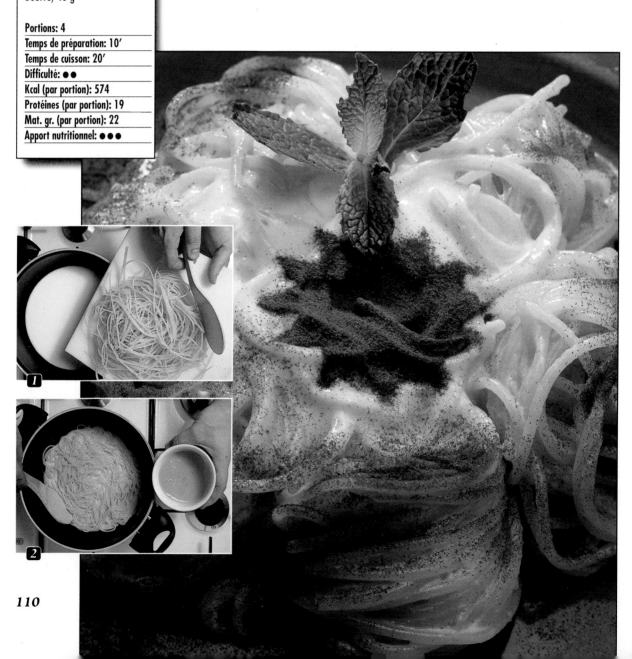

LARROZ DOCE

Riz au lait ☞ *Minho*

Riz rond, 250 g
Lait, $^3/_4$ de litre
Sucre en poudre, 220 g
3 jaunes d'œuf
Zeste d'un citron
Sel
Cannelle en poudre

Portions: 4	
Temps de préparation: 15'	
Temps de cuisson: 25'	
Difficulté: ● ●	
Kcal (par portion): 612	
Protéines (par portion): 18	
Mat. gr. (par portion): 13	
Apport nutritionnel: ● ● ●	

Versez le lait dans une casserole, ajoutez le sucre et portez sur feu doux. Dès l'ébullition ajoutez le riz et le zeste de citron finement râpé. Remuez délicatement et faites cuire le riz à petit feu. Une fois qu'il est cuit, hors du feu, incorporez les jaunes battus et une pincée de sel. Mélangez bien et remettez la casserole sur le feu pour bien amalgamer les parfums.
Versez le "riz sucré" dans un plateau, saupoudrez de cannelle en poudre et servez.

BROINHAS DE NATAL

Petits pains de Noël ☞ *Beira Litoral*

Courge à chair jaune, 800 g
Farine, 500 g
Farine de maïs, 150 g
Sucre, 150 g
Raisins secs, 80 g
Cerneaux de noix, 80 g
Pignons de pin, 50 g
Cannelle en poudre
Anis (graines)
Levure de bière, 20 g
Sel
Beurre, 30 g

Portions:	8-10
Temps de préparation:	35'+3h
Temps de cuisson:	35'
Difficulté:	● ●
Kcal (par portion):	524
Protéines (par portion):	12
Mat. gr. (par portion):	12
Apport nutritionnel:	● ● ●

1 Mettez les raisins secs à tremper dans de l'eau tiède. Épluchez la courge puis faites-la cuire 10 minutes à l'eau bouillante salée. Égouttez-la (conservez son eau) et découpez-la en morceaux après avoir enlevé filaments et graines. Mixez-la ensuite à petite vitesse pour faire une purée souple et lisse que vous mélangerez aux deux farines dans un saladier.

2 Unissez maintenant la levure délayée dans un peu d'eau tiède et travaillez votre pâte au batteur, en rajoutant de l'eau de cuisson de la courge, de façon à obtenir une pâte épaisse et lisse.

3 Ajoutez le sucre, une pincée de graines d'anis et de cannelle en poudre. Continuez à travailler la pâte délicatement le temps qu'elle épaississe et qu'elle produise des bulles. Couvrez-la alors avec un linge et laissez-la lever 3 heures.

4 Reprenez la pâte et incorporez les raisins essorés, les pignons de pin et les cerneaux de noix finement hachés. Divisez la pâte de manière à obtenir des boulettes qui, aplaties, donneront des galettes d'environ 8 cm de diamètre sur 2 cm d'épaisseur. Rangez ces galettes sur une plaque à pâtisserie beurrée et glissez au four (préchauffé sur 220 °C) le temps qu'elles cuisent à l'intérieur et qu'elles soient bien dorées à l'extérieur (comptez 20 à 25 minutes).

BOLO-PODRE

Gâteau au miel ☞ *Alentejo*

6 œufs
Farine, 350 g
Miel, 350 g
Sucre, 250 g
Levure de bière, 15 g
Zeste d'un citron
Cannelle en poudre
Huile d'olive

Portions: 8	
Temps de préparation: 25'+1h	
Temps de cuisson: 40' env.	
Difficulté: ● ●	
Kcal (par portion): 725	
Protéines (par portion): 12	
Mat. gr. (par portion): 32	
Apport nutritionnel: ● ● ●	

1 Versez 2 dl d'huile dans un bol. Ajoutez le miel et le sucre et fouettez délicatement au batteur de manière à obtenir un mélange léger et crémeux. Unissez le zeste de citron finement râpé et une cuiller à café de cannelle.

2 Incorporez les jaunes d'œuf, l'un après l'autre, en laissant la préparation reposer quelques minutes à chaque fois. Entre-temps montez les blancs en neige au batteur. Mélangez ensuite la farine, la levure délayée dans un peu d'eau tiède et, pour terminer, les œufs en neige. Procédez très délicatement. Laissez reposer la pâte une petite heure sous un linge. Après quoi versez-la dans un moule à fond amovible huilé et lissez bien le dessus. Couvrez de papier sulfurisé huilé et glissez une vingtaine de minutes au four préchauffé sur 200 °C. Sortez le gâteau, retirez le papier et poursuivez la cuisson une quinzaine de minutes pour bien le dorer. Faites-le refroidir avant de le démouler et servez.

CAVACAS DAS CALDAS DA RAINHA

Gâteaux glacés au sucre ☞ *Estrémadure*

1 Vous aurez besoin de moules individuels, cannelés de préférence, d'environ 8 cm de diamètre et 1 cm de haut. Cassez les œufs dans un saladier, ajoutez la farine en pluie, mélangez au batteur et unissez le beurre ramolli. Vous devez obtenir une pâte souple et lisse que vous roulerez en boule pour la laisser reposer quelques minutes. Garnissez-en les moules huilés, lissez le dessus et glissez une demi-heure au four préchauffé sur 200 °C. Après quoi, sortez les gâteaux du four et démoulez-les quand ils ont refroidi.

2 Pour le glaçage: mettez le sucre et une goutte d'eau dans une casserole au bain-marie sur feu doux et remuez délicatement le temps que le sirop devienne transparent. Retirez du feu et fouettez délicatement à la main de manière à ce qu'il épaississe et devienne opaque. En vous aidant d'une pince ou de deux fourchettes, plongez les gâteaux un à un dans le sirop et enrobez-les uniformément. Mettez-les ensuite à sécher sur une grille.

4 œufs
Farine, 200 g
Sucre, 250 g
Beurre, 30 g
Huile d'olive

Portions: 4	
Temps de préparation: 15'	
Temps de cuisson: 25'	
Difficulté: ● ●	
Kcal (par portion): 793	
Protéines (par portion): 15	
Mat. gr. (par portion): 42	
Apport nutritionnel: ● ● ●	

CHARCADA

Couronne de fils d'œuf caramélisés *Beira Litoral*

6 œufs et 3 jaunes
Sucre, 500 g
Granules multicolores

Portions: 6	
Temps de préparation: 15'	
Temps de cuisson: 20'	
Difficulté: ● ● ●	
Kcal (par portion): 481	
Protéines (par portion): 16	
Mat. gr. (par portion): 14	
Apport nutritionnel: ● ● ●	

1 Cassez les œufs dans un saladier, ajoutez les trois jaunes et mélangez délicatement à la cuiller sans les monter. Prenez un récipient large mais peu profond, versez-y un grand verre d'eau et faites-y fondre 350 g de sucre à feu doux jusqu'à ébullition. Baissez le feu sur minimum et fouettez le sirop délicatement jusqu'à ce qu'il épaississe. Versez-y alors le's œufs battus en filet (même technique que les *fios-de-ovos*, voir recette page 118) avec un mouvement circulaire. Au contact du sucre brûlant, les "fils" d'œuf durcissent instantanément.

2 Une fois que vous aurez versé tout l'œuf, enrobez les fils avec le sirop à l'aide d'une spatule en les prenant du milieu vers le bord et en remuant délicatement pour éviter qu'ils collent au fond. Quand les fils d'œuf sont bien caramélisés, retirez-les du feu et disposez-les dans un plat de service (en verre de préférence) en forme de couronne. Mettez le sucre restant dans une petite casserole avec une goutte d'eau et faites un caramel pas trop épais que vous verserez sur la couronne en créant un décor à votre goût. Enfin, saupoudrez-la de granules multicolores.

FIGOS RECHEADAS

Figues farcies ☛ *Algarve*

1 Ébouillantez les amandes à l'eau non salée, égouttez-les, pelez-les puis hachez-les au robot de manière à les concasser finement (sans les réduire en pâte). Transvasez-les dans un saladier, ajoutez le sucre, le chocolat en poudre, une pincée de cannelle et le zeste de citron finement râpé. Amalgamez le tout.

2 Équeutez les figues (si nécessaire) puis étirez-les une à une en les tenant par les deux bouts. Incisez-les dans la longueur, sans les couper en deux, et farcissez-les de préparation aux amandes. Fermez-les avec un cure-dents et rangez-les sur une tôle que vous glisserez une demi-heure au four à 160 °C. Après quoi disposez-les dans un plat de service.

Dans la recette traditionnelle, on enveloppe les figues dans du papier de soie en leur donnant la forme de gousses que l'on noue ensemble comme une tête d'ail.

36 figues sèches
Amandes décortiquées, 300 g
Sucre, 120 g
Chocolat en poudre, 30 g
Cannelle en poudre
Zeste d'un citron

Portions: 6	
Temps de préparation: 30'	
Temps de cuisson: 40'	
Difficulté: ●	
Kcal (par portion): 596	
Protéines (par portion): 16	
Mat. gr. (par portion): 30	
Apport nutritionnel: ● ● ●	

FIOS-DE-OVOS

Fils d'œuf ☞ *Ribatejo*

2 œufs et 10 jaunes
  (plus une cuil. à c. de jaune)
Sucre, 750 g

Portions: 6-8	
Temps de préparation: 20'	
Temps de cuisson: 20'	
Difficulté: ● ● ●	
Kcal (par portion): 642	
Protéines (par portion): 21	
Mat. gr. (par portion): 19	
Apport nutritionnel: ● ● ●	

1 Mélangez délicatement les œufs et les jaunes dans un saladier, sans les monter. Passez-les plusieurs fois au chinois puis laissez-les reposer. Versez une tasse d'eau (2,5 dl environ) dans un récipient peu profond et large – vous comprendrez pourquoi – et ajoutez le sucre. Faites chauffer à feu doux en remuant jusqu'à ce que le milieu commence à bouillir. Faites en sorte que le sirop reste toujours à cette température (100 °C environ) et qu'il n'épaississe pas. Pour ce faire, pendant l'opération qui suit, avec votre main libre, arrosez-le de temps en temps avec de l'eau froide dans laquelle vous aurez délayé une cuiller à café de jaune d'œuf.

2 Prenez l'ustensile spécial ou une poche munie d'une douille à 3 ou 4 trous assez rapprochés (que vous tiendrez le plus haut possible) et faites tomber l'œuf battu dans le sirop. Procédez le plus rapidement possible et avec un mouvement circulaire. Vous obtiendrez ainsi des "fils" mous qui formeront comme une pelote de laine. Sortez-les avec une écumoire et déposez-les sur une passoire posée à l'envers. Écartez-les ensuite avec vos doigts humectés d'eau froide puis plongez-les dans un peu du sirop (2 ou 4 cuillers) dilué avec une goutte d'eau. Aussi goûteux que décoratifs, les *fios-de-ovos*, ou *ovos reais*, entrent dans la préparation d'autres pâtisseries, comme la *charcada* (page 116) ou la *lampreia de ovos* (page 120). Ils peuvent aussi se manger seuls.

Farine, 500 g	
8 œufs et un jaune	
Lait, 3 dl	
Levure de bière, 20 g	
Sucre, 30 g	
Anis (graines)	
Cannelle en poudre	
Sel	
Beurre, 100 g	
Huile d'olive	

Portions: 6	
Temps de préparation: 30'+4h	
Temps de cuisson: 30'	
Difficulté: ●●	
Kcal (par portion): 769	
Protéines (par portion): 25	
Mat. gr. (par portion): 41	
Apport nutritionnel: ●●●	

FOLAR DA PÁSCOA

Pain de Pâques ☞ *Estrémadure*

1 Versez un cinquième (100 g) de la farine dans un saladier et, au batteur, incorporez la levure délayée dans un peu d'eau tiède et une bonne cuillerée de sucre. Façonnez un pâton, enveloppez-le d'un linge et laissez-le reposer une petite heure. Dans un autre saladier mélangez le reste de farine et de sucre, deux œufs et le lait, de façon à obtenir une pâte légère et lisse. Ajoutez le beurre ramolli, une cuiller à café de graines d'anis pulvérisées, une autre de cannelle et une pincée de sel. Amalgamez le tout puis incorporez, très délicatement, le pâton. Couvrez à nouveau d'un linge et laissez lever 3 heures.

2 Entre-temps, faites durcir les œufs (5 minutes après ébullition), sortez-les de l'eau mais ne les écalez pas. Reprenez la pâte et divisez-la en deux morceaux: un grand (les deux tiers) et un petit. Abaissez le plus gros en lui donnant la forme d'une fougasse épaisse et mettez-le sur une tôle huilée. Enfoncez les œufs à mi-hauteur dans la pâte et recouvrez-les avec des rubans larges et épais que vous aurez découpés dans la deuxième abaisse. Badigeonnez de jaune d'œuf et enfournez une demi-heure à 220 °C. Comme le dit son nom, c'est le gâteau traditionnel de Pâques au Portugal.

LAMPREIA DE OVOS

Lamproie d'œuf ☞ *Beira Litoral*

1 Mettez les œufs et les jaunes dans un saladier et mélangez-les sans les monter. Passez-les plusieurs fois au chinois puis laissez-les reposer. Prenez un récipient large et peu profond, versez-y un bon verre d'eau et, à feu doux, faites-y fondre le sucre jusqu'à ce que le milieu commence à bouillir. Faites en sorte que la température du sirop soit constante (vous pouvez le préparer au bain-marie).

2 Reprenez l'œuf battu et, à l'aide d'une cuiller, déposez-le dans le sirop. Au contact de la chaleur, il formera comme de toutes petites omelettes que vous sortirez au fur et à mesure en vous aidant d'un spatule perforée. Mettez-les en attente au chaud.

3 Ébouillantez, pelez et hachez les amandes avant de les jeter dans la casserole de sirop. Portez à nouveau à ébullition puis retirez du feu et incorporez les 6 œufs que vous aurez mélangés délicatement sans les monter. Remettez sur le feu et laissez épaissir.

4 Prenez environ les trois quarts de l'œuf cuit dans le sirop (étape 2) et façonnez-les en forme de couronne ouverte et pointue à une extrémité (la queue du "poisson"). Glissez-la dans un plat rond, en verre de préférence, et nappez-la avec le mélange d'œufs et d'amandes. Lissez bien, retirez les grumeaux et nettoyez le plat. Enfin, recouvrez avec le reste d'œuf cuit dans le sirop et lissez à nouveau. Terminez la "lamproie" en lui faisant des yeux avec des pépites de chocolat et des écailles avec un ustensile pointu. Entourez-la de *fios-de-ovos* (voir recette page 118) et servez à température ambiante.

---

6 œufs et 18 jaunes
Sucre, 500 g
Amandes décortiquées, 100 g
Fios-de-ovos (préparés
   à l'avance avec 1 œuf
   et 5 jaunes; voir page 118)
Pépites de chocolat
   (décoration)

Portions: 8	
Temps de préparation: 35′	
Temps de cuisson: 35′	
Difficulté: ● ● ●	
Kcal (par portion): 2117	
Protéines (par portion): 157	
Mat. gr. (par portion): 119	
Apport nutritionnel: ● ● ●	

PÃO-DE-LÓ DE AMÊNDOAS

Gâteau aux amandes ☛ *Alentejo*

7 œufs
Amandes décortiquées, 250 g
Sucre, 250 g
Farine, 80 g
  (et pour fariner le moule)
Glaçage (voir ci-contre)
  ou chantilly (décoration)
Écorce d'orange confite
  (décoration)
Beurre, 20 g

Portions: 6	
Temps de préparation: 20'	
Temps de cuisson: 1h 10' env.	
Difficulté: ● ●	
Kcal (par portion): 977	
Protéines (par portion): 26	
Mat. gr. (par portion): 57	
Apport nutritionnel: ● ● ●	

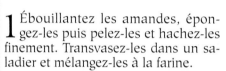

1 Ébouillantez les amandes, épongez-les puis pelez-les et hachez-les finement. Transvasez-les dans un saladier et mélangez-les à la farine.

2 Séparez les jaunes et mettez-les dans un saladier avec le sucre. Fouettez au batteur jusqu'à ce que le mélange soit bien crémeux.

3 À part, montez les blancs en neige ferme avec une pincée de sel. Ensuite, incorporez-les délicatement aux jaunes, ainsi que le mélange d'amandes et de farine.

4 Versez cette pâte dans un moule à gâteau à fond amovible que vous aurez beurré et fariné. Lissez bien le dessus. Glissez au four préchauffé sur 200 °C et réglez immédiatement sur 140 °C. Au bout d'une heure environ, sortez et démoulez votre gâteau. Pour le décor: un glaçage (que vous aurez préparé avec du sucre glace, une goutte de lait et de jus de citron ou d'orange) ou de la chantilly et, tout autour, des morceaux d'écorce d'orange.

Près de Beja, l'église de Mértola au couchant.

PASTÉIS DE NATA

Tartelettes fourrées à la crème ☞ *Estrémadure*

Pour la pâte:
Farine, 250 g (et pour fariner la planche)
Beurre, 210 g

Pour la crème:
Crème fraîche liquide, 2,5 dl
4 jaunes d'œuf
Farine, 15 g
Sucre, 100 g
Zeste d'un citron finement râpé
Sucre glace (décoration)

Portions:	6
Temps de préparation:	35'+30'
Temps de cuisson:	30' env.
Difficulté:	●●
Kcal (par portion):	763
Protéines (par portion):	13
Mat. gr. (par portion):	52
Apport nutritionnel:	●●●

1 Pour cette recette, il vous faudra des moules individuels de 8 à 10 cm de diamètre et 1 cm de haut environ. Préparez la pâte: versez la farine dans un saladier, creusez-la en puits et travaillez au batteur en ajoutant de l'eau tiède en quantité suffisante pour que la pâte soit souple et lisse. Laissez-la reposer un quart d'heure. Entre-temps, écrasez le beurre à la fourchette pour qu'il soit bien souple. Reprenez la pâte et pétrissez-la brièvement à la main en lui donnant la forme d'un pâton rectangulaire puis étalez-la au rouleau. Enduisez cette abaisse avec le tiers du beurre (en laissant un pourtour de 2 cm). Repliez-la en tirant les coins vers l'intérieur, pétrissez-la à la main et redonnez-lui la forme d'un pâton. À nouveau, abaissez la pâte, enduisez-la avec la moitié du beurre restant, repliez-la et formez un pâton. Répétez l'opération une dernière fois avec le reste de beurre puis laissez reposer un quart d'heure.

2 Abaissez la pâte sur 3 ou 4 mm d'épaisseur. Découpez-y des rubans de 10 à 12 cm de large que vous enroulerez sur eux-mêmes. Tranchez ces rouleaux en rondelles d'environ 1 cm de large dont vous foncerez chaque moule en appuyant dessus avec vos pouces humectés, de manière à bien tapisser le fond et les bords, mais sans déborder. Préparez la crème: mélangez tous les ingrédients dans une casserole sur feu doux et portez à ébullition en remuant délicatement. Retirez aussitôt la crème du feu et laissez-la refroidir. Versez-la tiède dans les moules et lissez le dessus. Glissez au four préchauffé sur 220 °C le temps que vos *pastéis* soient bien dorés sur le dessus. Sortez-les du four, laissez-les refroidir puis démoulez et saupoudrez-les de sucre glace.

QUEIJADAS DE COIMBRA

Tartelettes au fromage frais ☛ *Beira Litoral*

1 Pour réaliser cette recette procurez-vous des moules cannelés de 8 à 10 cm de diamètre et 1 cm de haut. Mettez le beurre à fondre doucement, sans le faire brûler, dans une petite casserole (au bain-marie de préférence). Laissez-le refroidir un peu puis versez-le dans un bol. Unissez la farine et une pincée de sel et mélangez au batteur en ajoutant de l'eau tiède en quantité suffisante pour obtenir une pâte souple et lisse que vous laisserez reposer une demi-heure. Entre-temps, mélangez le fromage frais, les jaunes d'œuf et le sucre au batteur jusqu'à ce que le sucre ait fondu.

2 Étalez la pâte en une abaisse d'environ 4 mm d'épaisseur. Foncez les moules puis remplissez-les avec la préparation au fromage. Lissez le dessus et rangez-les sur la grille du four. Glissez au four (préchauffé sur 200 °C) environ 35 minutes. Après quoi, éteignez le four et, sans ouvrir la porte, laissez les tartelettes refroidir un quart d'heure à l'intérieur avant de les démouler. Elles se mangent tièdes.

Fromage frais, 350 g	
Farine, 250 g	
Sucre, 250 g	
6 jaunes d'œuf	
Sel	
Beurre, 40 g	

Portions: 6	
Temps de préparation: 30'+30'	
Temps de cuisson: 35'+15'	
Difficulté: ● ●	
Kcal (par portion): 553	
Protéines (par portion): 24	
Mat. gr. (par portion): 19	
Apport nutritionnel ● ● ●	

TIGELADA

Crème au four ☞ *Beira Baixa*

Lait, un demi-litre
4 œufs
Farine, 10 g
Sucre roux, 250 g
Miel
Zeste d'un citron
Huile d'olive

Portions: 4	
Temps de préparation: 10'	
Temps de cuisson: 20'	
Difficulté: ●	
Kcal (par portion): 532	
Protéines (par portion): 15	
Mat. gr. (par portion): 23	
Apport nutritionnel: ● ● ●	

Prenez des bols individuels en terre si possible et beurrez-les avant de les glisser au four à 220 °C. Battez les œufs au fouet (ou bien au batteur) avec une cuiller à café de miel, le sucre et le zeste finement râpé. Ajoutez une bonne cuillerée de farine et le lait puis mélangez de manière à obtenir une crème lisse et sans grumeaux. Versez-la dans les bols brûlants que vous sortirez du four juste le temps de les remplir (l'idéal serait de ne pas les sortir du tout, mais vous risqueriez de vous brûler). Refermez le four et faites cuire une vingtaine de minutes.

TOUCINHO DO CÉU

Dessert à l'œuf et aux amandes ☛ *Douro et Minho*

É bouillantez les amandes à l'eau non salée puis égouttez-les, pelez-les et concassez-les finement (gardez-en deux ou trois pour la décoration). Battez les jaunes et le blanc, sans les monter. Faites ramollir le beurre puis mélangez-le à la farine et réservez.

Versez le sucre dans 2 dl d'eau, mettez la casserole sur feu doux et faites fondre le sucre en remuant doucement, de manière à obtenir un sirop limpide. Ajoutez les jaunes et le blanc battus puis les amandes hachées. Mélangez délicatement, toujours sur feu doux, puis unissez le mélange de beurre et de farine. Mélangez à nouveau avec une spatule puis laissez refroidir.

Retirez la crème du feu quand elle commence à se détacher des bords de la casserole et à coller à la spatule. Transvasez-la alors dans un moule à gâteau fantaisie et lissez le dessus. Glissez au four préchauffé sur 200 °C. Au bout de 35 minutes, sortez la crème du four et démoulez-la.

Laissez-la refroidir complètement avant de la saupoudrer de sucre glace. Décorez-la avec des feuilles de menthe et les amandes entières que vous aurez effilées.

Le résultat est divin, comme le dit son nom: *toucinho do céu* signifie en effet "morceau de ciel".

---

12 jaunes d'œuf et un blanc
Sucre, 500 g
Amandes décortiquées, 250 g
Cannelle en poudre
Farine, 15 g
Sucre glace (décoration)
Un brin de menthe (décoration)
Beurre, 50 g

Portions: 6	
Temps de préparation: 20'	
Temps de cuisson: 1h environ	
Difficulté: ● ●	
Kcal (par portion): 954	
Protéines (par portion): 33	
Mat. gr. (par portion): 51	
Apport nutritionnel: ● ● ●	